AF235787

Der Autor

Mark Scheppert wurde 1971 geboren und lebt seither in Berlin-Friedrichshain.
Er war er Landschaftsgärtner, Möbelträger, Student, Sachbearbeiter, Küchenhilfe, Erntehelfer, Forstmitarbeiter, Fahrradcodierer, Vertreter, Postmitarbeiter, Anzeigenverkäufer und Marketingmanager.
Doch all das fand er kein bisschen spannend. Deshalb begann er irgendwann, nebenher ein paar Zeilen zu schreiben und wurde 2009 Mitglied der Lesebühne „Die Unerhörten".

Mit seinem Buch „Mauergewinner", welches monatelang die BoD-Bestsellerliste anführte, gelang ihm sofort ein beachtlicher Erfolg. In „Leninplatz" widmet er sich erneut der untergegangenen DDR.

www.markscheppert.de

Weitere erhältliche Titel: „Mauergewinner"; „Alles ganz simpel"; „Koalaland"; „90 Minuten Südamerika"

Mark Scheppert

LENINPLATZ

Bibliografische Information der Deutschen Bibliothek:

Die Deutsche Bibliothek verzeichnet diese Publikation in der Deutschen Nationalbibliographie, detaillierte bibliographische Daten sind unter http://dnb.ddb.de abrufbar.

Copyright © 2018 Mark Scheppert

Zeichnung Buchcover: Jasmin Huth
Satz und Umschlaggestaltung: D. Werk & K. v. Günner
Herstellung und Verlag: BoD - Books on Demand, Norderstedt

ISBN: 9783752804799

Die Verwendung der Texte und Bilder, auch auszugsweise, ist ohne Zustimmung des Autors urheberrechtswidrig und strafbar. Dies gilt auch für die Vervielfältigung, Übersetzungen, Mikroverfilmung und die Verarbeitung mit elektronischen Systemen.

www.markscheppert.de

Inhalt

„Solange man jung ist,

hält man Jugend für einen Fehler.

Erst später entdeckt man,

dass Jugend Glück ist."

— *Hans Fallada* —

Wer war das?

In der 10. Klasse rauchen wir die erste Zigarette schon vor Beginn des Unterrichts in einer nicht einsehbaren Ecke des Schulhofs. Sie schmeckt zwar wie dampfende Dachpappe und verursacht einen trockenen Belag auf der Zunge, aber was macht man nicht alles, um in der kuhlen Gang zu bestehen. Auch an diesem Novembertag 1987 sehe ich schon von weitem ein Gemisch aus Qualm und warmer Atemluft aus den Mündern meiner Freunde emporsteigen. Tessi, Bergi, Bommel, Torte und Andi stehen am Zaun und schauen angeregt diskutierend hinüber zur „Rosa". Erst als ich näher komme, bemerke ich, dass in großen schwarzen Lettern etwas auf die Außenwand der verhassten Nachbarschule gepinselt worden ist: „Freiheit ist immer auch die Freiheit des A", steht dort. Leise schleiche ich mich von hinten heran und rufe mit möglichst tiefer Stimme: „Wer war das?" Bommel fällt vor Schreck fast die Kippe aus dem Mund, doch als er mich sieht, muss er lachen.

Natürlich war das keiner von uns, zumal sich niemand einen Reim darauf machen kann, was der Satz bedeutet und, vor allem, wie er ausgehen soll. Dennoch erkenne ich in den Augen der Jungs, dass sie den „Sprayer" bewundern. Das hat was von „Beat Street", auch wenn es sich nur um Schmierereien an der „Rosa Luxemburg POS" handelt und nicht um bunte Graffitis an U-Bahnwagen in der New Yorker Bronx.

Als wir in der Milchpause auf den Hof zurückkehren, ist der Satz verschwunden. Nur eine etwa vier Meter lange und einen Meter breite weiße Farbschicht zeugt davon, dass dort mal etwas gestanden haben muss. Die Wand schimmert noch immer feucht, sodass wir allen beweisen können, keinen „Quatsch mit Soße" erzählt zu haben. Allerdings hat niemand den rasenden Malermeister oder gar den nächtlichen Schmierfink zu Gesicht bekommen.

Dennoch entpuppen sich unsere Angebereien als Eigentor. In der Mittagspause werden wir zur Direktorin gerufen. Dort sitzen bereits zwei übel gelaunte Herren in auffällig unauffälligen Jacken. Die Sache hat sich also herumgesprochen. Einzeln führen sie uns in ein Klassenzimmer. „Wer war das?", fragt mich einer der Kerle mit tiefer Verhörstimme. Ich weiß, dass es nichts zu befürchten gibt, denn weder meine Freunde noch ich haben etwas damit zu tun oder wissen, wer der Täter ist. Und selbst wenn, diese Typen würden es nicht erfahren!

Mit Andi, Bommel, Bergi, Torte und Tessi gibt es nämlich einen unausgesprochenen Ehrenkodex: Es wird nie ein Freund verpetzt oder denunziert. „Ich war das nicht!", darf man gelegentlich sagen, doch niemals: „Aber der da war es!" Deshalb sind alle geschockt, als wir hören, dass die Männer in der Lederkluft Andi eingesackt haben. „Was soll der denn schon damit zu tun haben?", fragt Tessi in die Runde.

Erst am frühen Abend spricht sich herum, dass Andi wieder aufgetaucht ist. Gespannt warten wir darauf, bis er endlich im „Alfclub" erscheint. Mit einem breiten Grinsen schnappt er sich ein Bier, setzt sich auf einen Sessel – und schweigt. Er ahnt natürlich, dass er gerade der uneingeschränkte Mittelpunkt der Runde ist, und kostet dies natürlich aus. Nach und nach beginnt er dann aber doch zu erzählen.

Sie hätten ihn irgendwohin nach Lichtenberg, Höhe U-Bahnhof Magdalenenstraße gekarrt und „in 'nem richtigen Verhörzimmer und so" in die Mangel genommen. Er schildert die Situation so lebensnah und bedrohlich, dass alle mucksmäuschenstill sind. Doch ich unterbreche ihn: „Was haben sie dir eigentlich vorgeworfen?" Er schaut mich überrascht an: „Na blöderweise hatte ich denen gesagt, ich wüsste, wie der Satz vollständig heißt." Wir staunen. Weder die befragten Eltern noch unsere Lehrerin Frau Wagenbach hatten eine Antwort darauf gewusst. „Und?", brüllt Tessi genervt, der es nicht sonderlich mag, wenn Andi einen Kotten schiebt. Der lehnt sich entspannt zurück und murmelt: „Freiheit ist immer auch die Freiheit des Andi." Schallendes Gelächter erfüllt den Klub in den Tiefen des Neubaublocks. Andreas Billstedt, alias Andi, ist an diesem November-Abend im Jahr 1987 der uneingeschränkte Held unserer Clique und darf später sogar auf dem Mercedes-Chefsessel wie ein König Platz nehmen.

Am nächsten Morgen betrachte ich nachdenklich den überpinselten Spruch und denke: ‚Mich würde ja trotzdem mal interessieren, wer das war, und, vor allem, wie dieser Satz vollständig lautet.'

Unsichtbares Pferd

„Mark, jetzt sag doch auch mal was." – „Mark, der Benny erzählt immer so schön, was in der Schule gerade passiert ist." – „Mark, freust du dich denn nicht?" – Mark, Mark, Mark! Am liebsten würde ich mir die Ohren zuhalten. Alle starren mich an. Wir sitzen in einer vollbesetzten S-Bahn in Richtung Plänterwald und meine Mutter stellt ihren 13-jährigen Sohn mal wieder vor aller Augen bloß. Kann die denn nicht einfach die Klappe halten und mich in Ruhe lassen? Noch immer glotzt mich das komplette Abteil an, in der Hoffnung, dass der „Mark" nun endlich mal das Maul aufmacht. Doch der sitzt ganz still auf seiner Bank und schaut mit schamrotem Kopf zu Boden. Zwei Jugendliche gegenüber amüsiert das alles köstlich. Plötzlich springt einer der beiden auf und brüllt: „Na, Keule, fährste mit Mutti zu Clown Dolli?" Meine Augenlider werden zu Blinklichtern. Doch er lässt von mir ab und geht zur Wagentür. Völlig unerwartet reißt er sie während der Fahrt mit urwüchsiger Kraft auf, tritt auf den schmalen Sims hinaus und schließt die Tür hinter sich wieder. Sein feixender Freund bekommt sich gar nicht mehr ein. Eine Hand kracht von draußen an die Scheibe – genau dort, wo ich sitze. Ich bekomme den Schreck meines Lebens. „Na, Keule, haste dir in die Hose geschissen?", ruft der drinnen verbliebene Idiot und rennt, als der Zug einfährt, lachend seinem Kumpel auf dem Bahnsteig hinterher. Fünf Minuten später erreichen wir unsere Zielstation. Ich bin den Tränen nahe. Doch Mutter, die dem Ganzen kaum Aufmerksamkeit geschenkt hatte, steht schon an der Tür und ruft: „Mark, nun komm doch endlich, oder willst du die Vorstellung verpassen?"

Der Typ hatte nämlich leider recht: Wie jedes Jahr laufen wir auch 1984 in einem frohgelaunten Pulk den Weg entlang des Waldes zum schon von weitem sichtbaren Zirkuszelt, anstatt links in den kuhlen Kulturpark Plänterwald abzubiegen. Auch wenn wir dieses Jahr nicht im März bei Minusgraden in die große Manege müssen, könnte ich auf diese Veranstaltung locker verzichten. Wir sind sogar eine Stunde früher vor Ort, da die Tierschau nur bis 19 Uhr geöffnet hat. Verängstigte Pferde, stinkende Tiger, ein trauriger Elefant und die gähnende Giraffe machen dies nicht gerade zu einem Ereignis. Mit dem geliebten Tierpark in Friedrichsfelde hat das rein gar nichts zu tun.

Zu allem Überfluss laufen uns auch noch zwei Clowns über den Weg. Der große von ihnen schnappt sich Benny und wirbelt ihn wie in einem Karussell herum. Mein selig grinsender Bruder kreist wiegend durch die Lüfte, so als säße er auf einem unsichtbaren Pferd. „Na Kleener, dit findste ooch schau, wa?", fragt mich der andere Spaßvogel, der kleiner ist als ich. Er rammt mir seine wurstigen Finger in die Rippen und versucht mich zu kitzeln. „Hör auf, du Kasper!", rufe ich überraschend mutig. Der fiese Miniatur-Clown schaut mir tief in die Augen und murmelt in Babysprache: „Na wat hatter denn, der Kleene?"

„Hereinspaziert, hereinspaziert", ruft derweil ein Kerl am Eingang. Über ihm hängt ein Schild: BEROLINA – Staatszirkus der DDR. Träger des Vaterländischen Verdienstordens in Gold. Mutter hatte über „Vitamin B" Karten für die erste Reihe abgestaubt. ‚Auch das noch', denke ich geschockt.

Im Inneren sorgen Strahler für ein Tropenklima, während wir auf Holzspanwegen zu unseren Plätzen gelangen. Das Berolina-Orchester spielt sich mit unerträglichen Liedern trötend ein. Doch Mutters und Bennys Augen sind so groß wie Mantelknöpfe und leuchten, als wir unsere Sitze hinter der etwa einen Meter hohen Bande direkt vor der kreisrunden Manege erreichen.

„Dong, Dong, Dong", und aus Lautsprecherboxen ertönt nun auch: „Hereinspaziert, hereinspaziert. Noch 10 Minuten bis zur Vorführung." Mutter erklärt, dass es beim letzten, einmaligen „Dong" losgeht, wobei wir das längst wissen. Die grellen Lichter erlöschen und jemand schwebt an einem tauähnlichen Seil, eingehüllt in ein zwei Meter langes Tuch, zu Boden. Es ist eine Frau, die sich als Sprecherin Barbara vorstellt. Nachdem sie das gnadenlos lange Programm heruntergeleiert hat, kreischt sie: „Manege frei für Günter Döring und seinen Lipizzanerhengst Conversation. Er eröffnet in einer Hohen Schule."

Was diese Hohe Schule sein soll, wenn ein Mann mit einem Pferd im Kreis reitet, verstehe ich zwar nicht – zumal dies jeder Indianer in den Winnetou-Filmen besser kann. Der Hengst läuft tänzelnd ein paar Pirouetten und einmal stellt sich der Reiter auf den Sattel. „Fantastisch!", murmele ich genervt.

Endlich erscheint Barbara wieder – in ihrem Schlepptau befinden sich nun der kleine und der große Clown, die unfassbar dämliche Dinge von sich geben. Beppo und Otto heißen die Trottel, die mehrmals unvermittelt umfallen und in einer endlosen

Kette bunte Tücher aus Ohren und Nasen ziehen. Kleine Kinder kreischen „Klauuun" und auch mein Bruderherz quietscht vor Vergnügen, während ich denke: ‚Hauptsache, die holen niemanden aus dem Publikum auf die Bühne.' Genau in diesem Moment schaut mir der Kleine in die Augen und grinst hinterhältig. Doch zum Glück geht es laut Barbara mit den „Meridians" weiter. „Die Absolventen der Staatlichen Fachschule für Artistik geben heute ihr Debüt am Schnappseil", ruft sie nicht ohne Stolz. Das „Seil" sind zwei lose durch die Manege gespannte Drähte, auf welchen einige Frauen und Männer minutenlang balancieren und dabei Gummibälle jonglieren, die zu allem Überfluss ständig herunterfallen. Etwas Einfallsloseres habe ich noch nie gesehen. Meine Mutter boxt mir in die Seite und flüstert so laut, dass es auch die Leute in der achten Reihe hören: „Mark, ist das nicht schau?" Ist es nicht!

Während die Künstler verschwinden, erscheinen die Kasperköpfe mit den Clowns-Masken auf der Bühne. Wahrscheinlich um zu zeigen, wie schwierig das alles ist, hebt Otto den Liliputaner Beppo aufs Seil, von dem dieser unzählige Male abstürzt. „Mutti, ist das nicht lustig?", flüstere ich leise. Von ihr ertönt ein lang gezogenes „Ooohh", da der Zwerg plötzlich einen Hand- und dann einen Kopfstand auf dem Schnappseil vollführt. Der große Clown läuft derweil genau auf mich zu und ruft in die Menge: „Soll es der Kleine hier auch mal versuchen?" Die Menge johlt „Ja!", doch während ich mich an meinem Sitz festkralle, springt mein kleiner Bruder neben mir auf und brüllt: „Ich, ich, ich!" Schwein gehabt, denn er fragt ihn bereits, wie er heißt. „Dann wird der Benny dem Beppo mal zeigen, wie das funktioniert." Er hebt ihn aufs Seil und hält ihn dabei verdeckt am Hemdkragen fest, dass es so ausschaut, als ob mein Bruder über dem Boden schwebt. Ich habe den Dicken noch nie so glücklich gesehen und bin ihm unendlich dankbar, dass er mir soeben den Arsch gerettet hat.

Nun verkündet Barbara eine einmalige Sensation in der Zirkuswelt. „LADY ROS" führt eine Dressurkombination mit Hund, Giraffe und Elefant vor. Sensationell, dass ein Hund auf einem Elefant stehen kann, oder dass er mit Hilfe des Rüssels auf die Giraffe gehoben wird und von dieser wieder auf den Dickhäuter springt. Mein Bruder klatscht sich die Finger wund und Mutter lächelt gerührt. Auch die Clowns dürfen bei diesem Spektakel nicht fehlen. Zumindest lassen sie die Zuschauer diesmal in Ruhe und nerven nur die auf wackligen Beinen stehende uralte Giraffe. Endlich die letzte Darbietung – vor der Pause, wohlgemerkt. Die sogenannten „Arconas" zeigen am Schleuderbrett internationale Spitzentricks, wie Barbara es nennt. Der Höhepunkt sei ein dreifacher Salto und die Krönung ein so genanntes „5-Mann-Hoch". Mir ist kotzlangweilig und ich will nur noch nach Hause.

Darf ich aber nicht, denn während uns das Berolina-Orchester mit Marschmusik aus dem Zelt vertreibt und in der Manege Gitterzäune aufgebaut werden, stopft uns Mutti draußen mit Zuckerwatte voll. Fast alle Erwachsenen trinken Bier. Wie gerne würde ich mich auch in einen leichten Dämmerzustand versetzen oder mit Vater, der nicht mitkommen musste, ein Sportereignis besuchen. So wie im Juli den „Olympischen Tag" im Jahn-Sportpark, wo Uwe Hohn den Speer mit 104,80 Metern fast aus dem Stadion geschleudert hatte und nicht nur Benny schier ausgerastet ist.

„Hereinspaziert, hereinspaziert." Es geht weiter! Ganz ehrlich: Was uns Ossi und Martina Sperlich mit ihren Bengaltigern vorführen, ist das bisher beste der ganzen Show. Nachdem sie über einen Laufgang in die Manege kommen, haben wir das Gefühl, diese gefährlichen Raubtiere fast berühren zu können. Die Großkatzen laufen unmittelbar vor uns über Balken, springen zähnefletschend von Podest zu Podest oder durch einen Reifen, den der Dompteur in der Hand hält. „Am kuhlsten wäre es, wenn zum Schluss die Clowns zum Abendbrot verspeist würden", flüstere ich Benny zu, aber das geschieht leider nicht. Die helfen lediglich beim Abbau der Gitter und stellen sich dabei absichtlich granatenblöd an.

Die nun folgenden „Mendozas" lassen meine kurzfristige Euphorie wieder abflauen. Salti, Pirouetten und Sprünge am Trampolin hauen einen 13-jährigen Steppke wahrlich nicht vom Hocker, zumal die Artisten von einem Fangnetz gesichert sind und sich somit nicht mal die Knochen brechen können. Auch der kleine Beppo-Clown verrenkt sich nicht den Hals, als er von Otto aus gut fünf Metern Entfernung auf die Hüpfmatratze geschmissen wird. Außerdem geht mir das ständige Räuspern meiner Mutter total auf den Keks.

„Manege frei für das Duo Bokai!" Ein Mann mit quietschbuntem Hemd und fetten Koteletten legt einer leicht bekleideten Dame in Glitzerunterwäsche dickbäuchige Schlangen um den Hals und die Beine. Auch zwei kubanische Krokodile kommen zum Einsatz, was mein Bruderherz todesbegeistert. Ganz interessant, aber anfassen dürfen die Besucher die Tiere und die Dame mit der goldenen Maske leider nicht.

Es folgt das nächste Duo namens „Gemini" aus der Volksrepublik Polen mit Blitz-Jonglerie. Wenn man das täglich üben würde, könnte sicherlich auch ich mit Bällen, Keulen und Ringen jonglieren, was die Clowns danach mit Tellern und ihren Hüten recht eindrucksvoll unter Beweis stellen.

Als Höhepunkt und Abschluss des Abends verkündet Babs die „Glorias". Zugegeben, das sieht schon recht spektakulär aus, was die unter dem Zirkusdach an dünnen Seilen und Schaukeln vollführen. Sie sind durch ein Sicherheitsnetz geschützt, wobei keine/r der Frauen und Männer abstürzt.

Dann ist es geschafft, denke ich erleichtert, und stehe auf. Genau in diesem Moment kommt Clown Otto, schnappt mich von hinten am Schlafittchen und zerrt mich in dieser misslichen Lage in die Manege. Ich werde von Strahlern geblendet, weiß jedoch, dass mich gerade hunderte Leute anstarren. Mit einem Mal beginnt mein rechtes Augenlid unkontrollierbar zu zucken, wie ein schnelles Blinzeln, das ich nicht in den Griff bekomme. Ich könnte vor Scham in den Boden versinken, aber das Martyrium ist noch lange nicht vorbei. Beppo kommt auf einem Miniaturfahrrad angefahren und Otto setzt mich auf seine Schultern, sodass ich – von ihm noch immer mit festem Griff von hinten gehalten – auf dem Drahtesel mitfahre.

Das Publikum johlt und kreischt. Plötzlich beginne ich zu heulen, wie noch nie im Leben. Ich brülle, dass sie aufhören sollen, doch die fiesen Clowns scheinen mich nicht zu hören.

Ich möchte endlich 15 sein und nie mehr mit meiner Mutter in den Zirkus müssen, will mit Freunden im Kulti oder am Leninplatz herumlungern und ununterbrochen lachen. Voller Wut beiße ich Beppo mit aller Kraft ins rechte Ohr. Er stürzt schreiend zu Boden. Überall ist Blut. Die Vorstellung ist beendet. Und ich bin frei.

Vergänglichkeit

Am Freitag, den 5. Oktober 1984, werden wir morgens zum Fahnenappell einbestellt und von Frau Frisch darüber unterrichtet, dass wir sogleich geordnet, diszipliniert und mit Winkelementen ausgestattet zur Protokollstrecke an die Hans-Beimler-Straße, Ecke Mollstraße gehen werden. Erich Honecker, Andrei Gromyko und Jassir Arafat würden dort in wenigen Augenblicken zu den Feierlichkeiten rund um den 35. Jahrestag der Republik vorbeifahren. Obwohl viele Länder nur ihre zweite Garde gesandt hatten, ist die Bedeutung ihrer Ankunft all meinen Freunden sofort klar: Wir haben zwei Stunden schulfrei und können uns in kleinen Gruppen absetzen!

Kein Lehrer wird uns im dichten Gedränge am Straßenrand vermissen und schon gar nicht im „Scheppert-Eck", der Lieblingskneipe meines Alten, auftauchen.

Während ich gerade mein Würzfleisch verspeise, schwillt der Geräuschpegel vor der Tür merklich an. Okay, die Kolonne schwerer Autos würde ich eigentlich ganz gerne sehen, aber letztendlich sitze ich lieber inmitten meiner feixenden Jungs. Als wir uns dann doch entschließen, hinaus zu spurten, ist der Konvoi schwarzer Schlitten schon vorbei. „Das soll mir nie wieder passieren. Heute Abend gehe ich zum Fackelzug", grölt ausgerechnet Andi. Alle wissen: Er blödelt nur herum.

Unsere Mitschüler haben sich schon in Richtung Schule verduftet, doch als Bommel und ich den Unterrichtsraum betreten, sind wir dort mutterseelenallein. Auf dem Lehrertisch liegt das Klassenbuch – unbeaufsichtigt! Nun gibt es eigentlich nur eine Möglichkeit. Wir, die ausgemachten Fälschungsexperten, schreiben in Fächern, in denen wir auf der Kippe stehen, ein paar gute Noten hinein, die das Problem vorerst beheben.

Doch was macht mein bester Freund? Er rennt zum Tisch und wirft das Buch im Überschwang – völlig unmotiviert – in Richtung Wand oberhalb der Tafel.

Und dann geschieht das Unglück: Der Zensuren-Spiegel fällt nicht zurück auf den Boden oder bleibt auf dem schmalen Ablagesims der dunkelgrünen Schiefertafel liegen, sondern rutscht in eine Lücke zwischen Wand und Tafel. Schnell bemerken wir, dass dieser Spalt ein Hohlraum ist. An das gute Stück kommen wir weder von unten noch von der Seite heran. Also schieben wir den Lehrertisch vor, Bommel klettert hinauf und versucht mit seinen dünnen Ärmchen, an das verschollene Klassenbuch zu gelangen.

„Was macht ihr denn da?", brüllt plötzlich jemand an der Tür. Unser durchgeknallter Hausmeister Müller befiehlt, den Tisch sofort wieder an die vorgesehene Stelle zu rücken. Wir gehorchen. „Der steht ja falsch herum!", meckert er. Die Schreibtisch-Schublade ist vorne, also steht er eigentlich richtig, doch wir drehen ihn einmal komplett, damit der Vogel verschwindet und sich wieder seinen Wellensittichen widmen kann, die er im Foyer der Schule züchtet.

Dann ruft schon wieder einer aus dem Hinterhalt: „Wo ist das Buch, Mark?"

„Dirk, du Arschloch", zische ich. „Hast du mich erschreckt!". Er ist unser Klassenbuch-Beauftragter und eigentlich ganz okay. Bommel sagt: „Wir fummeln das Ding nach der Stunde schon wieder raus, Dirki, weißte doch." Auch für uns wäre ein Verschwinden katastrophal, da wir bereits etliche Zensuren manipuliert hatten und bei einer möglichen Neubewertung unserer Leistungen sicher viel schlechter eingestuft werden würden.

Alsbald trudelt der Rest der Klasse ein, bevor auch Frau Frisch ihren Auftritt hat. Die Geschichtslehrerin ist eine Hundertzwanzigprozentige, die vor dem Unterricht noch immer alle aufstehen lässt und in ihrer typischen Keifstellung: „Für Frieden und Sozialismus, seid bereit!" krächzt. Bergi murmelt, wie die Großen: „Immer breit."

Die Lehrerin will sich setzen – und knallt scheppernd mit den Knien gegen die bis zum Boden reichende Rückwand des Schreibtischs. „Auuuua", jault sie. Bommel flüstert mir kichernd ins Ohr: „Der steht ja falsch herum", während Lars und Dirk eilig den Tisch wieder so drehen, dass die Frisch ihre lädierten Beine darunter ausstrecken kann. Wir lachen innerlich, bis die Augen tränen.

Sie ist so neben der Spur, dass sie sogar den Anwesenheitseintrag im Klassenbuch vergisst und sofort zur Tagesordnung übergeht. Diese besteht seit einigen Wochen darin, uns auf den 35. Jahrestag der DDR einzustimmen. Genossin Frisch hat alle Losungen extrem verinnerlicht und hält auch heute eine langatmige Rede über die Unvergänglichkeit unserer sozialistischen Republik. „Die DDR wird nicht nur 35 Jahre existieren. Nein, sie

wird ewig währen", geifert sie. „Wie das tausendjährige Reich",
nuschelt Andi und weckt Bommel und mich damit aus dem
Wachkoma.

Am Ende der Stunde erklärt sie, wo sich die Leute zum Fackelzug am Sonnabend treffen, so als ob das alle beträfe.

Nachdem sich der Raum geleert hat, reißen wir mit Hilfe des
starken Bergis an der Tafel die seitliche Verkleidung ab, holen
das eingestaubte Klassenbuch heraus und drücken die Holzlatte
provisorisch wieder dran. Dirk schüttelt bei der Übergabe zwar
mit dem Kopf, hält aber sicher die Fresse. So viel steht fest.

Als ich auf den Schulhof komme, steht dort Nadja. Wir sind allein. Seit zwei Jahren bin ich in die schwarzhaarige Traumfrau
aus der Parallelklasse böse verliebt und beobachte sie während
fast jeder Hofpause mit klopfendem Herzen. Sie ist das aller-
schönste Mädchen der Schule und hat sogar schon einen richtigen Busen. Dummerweise bin ich Lichtjahre davon entfernt,
auch nur die geringste Chance bei ihr zu haben. Vor einem Jahr
hatte ich noch versucht, über ihre Freundin Simone an sie her-
anzukommen. Doch der gängige Trick erwies sich als Eigentor,
da ich irgendwann eine heulende Simone entsorgen musste und
Nadja deswegen bis heute kaum noch mit mir spricht.

Während sie sich ausschließlich mit Westklamotten einzu-
kleiden pflegt, sehe ich in meinen Wisent-Jeans und den blau-
weißen Stoffidas wie der letzte Eimer aus.

Fast erwarte ich, dass sie mich, in Anlehnung an den Nena-
Song, mit den Worten: „Alles was ich an dir mag, sind deine
Turnschuh zu fünf Mark" begrüßt. Stattdessen fragt sie: „Mark,
gehst du eigentlich zum Fackelzug?" Ich mache mit dem Finger
das Schrauben-Locker-Zeichen, besinne mich aber und antworte: „Gehst du denn?" „Ja, ist doch irgendwie was Besonderes.
Vielleicht willst du mich ja begleiten?" Die Frage trifft mich wie
eine 50-Kilo-Faust in den Magen. Ich kann nicht – die Jungs würden mich killen. „Okay", flüstere ich. „Wo soll ich dich abholen?"

Letztendlich vereinbaren wir ein Treffen am Leninplatz. Sie
wohnt da, will aber nicht, dass ich sie zu Hause abhole, wodurch
ich keinen Blick in ihr Zimmer – es soll dort aussehen wie im Intershop – erhaschen kann. Deckung suchend, im Schatten des
riesigen Denkmals, warte ich. Nadja scheint sich zu freuen; sie
hakt sich bei mir ein und wie ein glückliches Paar laufen wir
zur Jannowitzbrücke, von wo wir mit der S-Bahn zur Friedrich-

straße weiterfahren.

Zum Fackelzug der FDJ wurden 80.000 vorbildliche Jugendliche aus der gesamten Republik delegiert, wobei ich den Eindruck habe, dass die Fraktion aus Sachsen mal wieder in der Überzahl ist. Alle tragen das blaue Hemd mit dem FDJ-Symbol über der aufgehenden Sonne auf dem linken Ärmel und einen dunkelblauen FDJ-Anorak aus Polyestergemisch.

Auch wir hatten Hemd und Jacke noch am Freitag ausgehändigt bekommen, obwohl wir erst nächstes Jahr aufgenommen werden und dies als übergroße Auszeichnung für gute Thälmann-Pioniere verstehen sollten. Wir erhalten somit ein „Mandat zur Teilnahme am Fackelzug der FDJ" im sogenannten „Friedensaufgebot".

Die Einheitskleidung fetzt dennoch, da es zwischen Nadja und mir, zumindest was die Oberbekleidung betrifft, endlich einmal keinerlei Unterschiede gibt. Ich lasse das blaue Hemd mit hochgeklapptem Kragen locker aus der Hose hängen, um etwas kuhler zu wirken. Während ich ein Nicki darunter trage, kollabiere ich beim Blick in Nadjas Ausschnitt fast vor Erregung. Ihre Brüste werden beim Laufen fast vollständig freigelegt. Einmal mehr wird mir bewusst, dass ich freiwillig hier bin – nur für diese eine Nacht mit diesem Mädchen!

Unsere Lehrerin Frisch, die gleichzeitig GOL-Sekretärin der Schule ist, brüllt: „Schön, dich zu sehen, Jugendfreund Scheppert. Hier ist deine Fackel! Oh, mit weiblicher Begleitung aus der A-Klasse", ereifert sie sich und überreicht mir zusätzlich noch einen Plastikbecher mit Limonade. Ich binde mir den dicken Anorak um die Hüften und trabe in einer unüberschaubar großen Menge von Blauhemden in Richtung Brandenburger Tor.

Dort müssen wir wenden und die Straße Unter den Linden in Richtung Palast der Republik zurückmarschieren. Ein Typ, der mit einer riesigen FDJ-Fahne vom „VEB Pirnetta Pirna" bewaffnet ist, ruft: „SED – FDJ" und danach: „Frieden, Freundschaft, Solidarität". Er soll damit wahrscheinlich die Dankbarkeit der sächsischen Jugend zum Ausdruck bringen, ist aber aufgrund seines Dialektes kaum zu verstehen. Etliche Typen stimmen danach „Bau auf, bau auf, bau auf, bau auf. Freie Deutsche Jugend, bau auf. Für eine bessere Zukunft richten wir die Heimat auf", „Die Internationale" und „Wir sind die junge Garde des Proletariats" an.

Die vielen Fackeln, der Lärm und das Tamtam der Blauhemden haben auf mich dennoch eine schaurig-schöne Ausstrahlung im grell erleuchteten Berlin, zumal Nadja weiter eingehakt an meiner Seite läuft und ihre Bluse in flammender Hitze immer weiter aufknöpft. Mein Herz!

Als wir auf Höhe der Ehrentribüne vor dem Palast angelangt sind, zieht mich das wunderschöne Mädchen ganz nah zu sich heran und flüstert: „Was für eine bescheuerte Rentnerbrigade." Besonders Honecker, Mittag und Mielke winken uns senil grinsend zu, wobei auch die jüngeren Genossen wie Krenz und Aurich fast scheintot wirken. Unser Staatsratsvorsitzender hatte bei der Festansprache noch genuschelt: „Der Sozialismus wird siechen." Genauso sieht es dort oben aus.

Ich zertrete verlegen zwei der weißen Plastikbecher und schaue gebannt in Nadjas errötetes Gesicht: „Ja, ist Kacke hier, aber mit dir fetzt es trotzdem." Sie lächelt.

Am Alex löst sich der Pulk allmählich auf, weil dort Container für die Fackeln und 600 Busse für die Dörfler stehen, die sie zurück in die Pampa bringen.

Es beginnt zu regnen. Ich will Nadja noch auf einen Eisbecher einladen, doch sie überredet mich, im Café am Leninplatz zwei Flaschen Club Cola zu kaufen und diese draußen zu süffeln. Das Zeug ist so süß wie das Mädchen, welches mit dem Rücken an die glatte Granitwand des Lenin-Denkmals gelehnt im Nieselregen neben mir sitzt. Auf einmal legt sie einen Arm um meine Schulter, beugt sich seitlich über mich und gibt mir den ersten ernstzunehmenden Kuss meines bisherigen Lebens. Ich möchte nie wieder aufstehen und in diesem Augenblick vor Glück sterben.

Am kommenden Morgen, der eigentliche Nationalfeiertag fällt in diesem Jahr auf einen Sonntag, sehen wir uns wieder, da wir auch am 7.10. antreten müssen. Als ich Nadjas Augen suche, blickt sie weg, und auch später würdigt sie mich keines einzigen Blickes! Sie ignoriert mich, als wäre ich Luft.

Für mich geht an diesem Tag die Welt in Flammen unter. Ich möchte endlich 16 sein und ein Mädchen, dem ich am Vorabend noch die Hand unter die Bluse geschoben habe, umarmen und leidenschaftlich küssen. Voller Wut laufe ich Erich und seinen Genossen auf ihrer Ehrentribüne entgegen, die sich dort oben bestimmt alle ziemlich wundern, dass ich nicht einmal zurückwinke.

Schrottreif

Am 17. Januar 1985 fahre ich mit der Straßenbahn zum Krankenhaus Friedrichshain, um Benny zu besuchen. Mein Brüderchen hat sich beim Schlittenfahren – wie auch immer er das schon wieder geschafft hat – einen Leistenbruch zugezogen. Das altehrwürdige Gebäude scheint ihn seit jeher magisch anzuziehen, denn seit frühester Kindheit vermeldet er immer, wenn wir dort vorbeifahren, ganz stolz: „Hier war ich schon mal!" Als ich auf seine Etage komme, sehe ich ihn am Ende des Ganges mit einem alten Mann mit Krückstock und einer hübschen Krankenschwester stehen. Sein OP-Leibchen ist hinten nicht richtig zugebunden, sodass man Teile seines nackten Hinterns begutachten kann. Er sieht von weitem ein bisschen aus wie eine Gliederpuppe. Die drei scheinen sich gerade köstlich zu amüsieren.

Benny schafft es eigentlich immer und überall, im Mittelpunkt zu stehen, zumal er – im Gegensatz zu mir – das Talent besitzt, sich die Witze von Vater zu merken. Und damit meine ich nicht nur die „Klein-Fritzchen-Anekdoten", sondern auch die politischen, die er meistens selbst nicht kapiert. Mittlerweile ist er durch diverse Infektionen, Arm- und Beinbrüche, Blinddarm- und Leistenbruch-Operationen ein gern gesehener Gast im Krankenhaus am Volkspark. Das Personal mag den kleinen Racker dort sehr.

„Hey Keule", rufe ich und winke mit dem Mosaik Nummer 1/1985. Darauf sind Abrax und Califax, der meinem Bruder extrem ähnlich sieht, zusammen mit einer dicken griechischen Frau zu sehen. „Wo ist denn Brabax abgeblieben?", fragt Benny besorgt, während er mir das Heft mit dem Titel „Der Götterbote" aus den Händen reißt. Die Abrafaxe-Comics können einen zehnjährigen Jungen noch in eine ihm unbekannte Welt voller Abenteuer in fernen Ländern entführen. Ich bin nun schon eher in dem Alter, wo ich mich frage, ob ich dort jemals im Leben hinkommen werde.

„Hey Marki", sagt er in seinem Krankenzimmer, das er sich mit dem Alten teilt. „Der Opa Kallweit hat mich schon zweimal zum Schweden-Eisbecher eingeladen. Aber ohne!" Ich verstehe, dass er „ohne Eierlikör" meint, und schmunzele, da er sich das zügellose Eisfressen während einer Mandel-OP angewöhnt hatte.

Wir quatschen ein wenig über seine kuhlen Erlebnisse und zum Abschied überreiche ich ihm die Britzer Knacker von Mutter. Beim Gehen drehe ich mich noch einmal um und sehe, wie er am Ende des Ganges – ganz niedlich und klein – steht und mir zuwinkt. Eigentlich ist es ja schön, einen so herzensguten Bruder zu haben, wenn wir uns zu Hause kein Zimmer teilen müssten...

Mit der Straßenbahn fahre ich danach am Leninplatz vorbei in Richtung Mollstraße und verträume es auszusteigen. Aber von der nächsten Station ist es ja auch nur ein Katzensprung bis nach Hause. Doch bis dahin soll ich nicht kommen, denn plötzlich gibt es einen urst lauten Knall. Ich werde zurück in den Sitz geschleudert, bevor die Bahn mit quietschenden Rädern zum Stehen kommt.

Ich sitze ganz hinten und habe nicht gesehen, was passiert ist, doch der Aufprall war derart heftig gewesen, dass mit dem Schlimmsten zu rechnen ist. Als der blasse Fahrer aus der Kabine getorkelt kommt und ruft: „Alle aussteigen. Dieser Zug endet hier", verstärkt sich diese Vermutung.

Doch es sind zwei Wunder geschehen: Schräg vor der Bahn steht ein Auto, das aussieht, als habe es keinen Kratzer abbekommen. Erst bei genauerem Hinsehen erkenne ich, dass eine der hinteren Seitenscheiben gesplittert und eine Tür leicht eingedellt ist. Ein Rad steht im komischen Winkel ab. Der Fahrer inspiziert die Schäden gerade und geht dann mit hochrotem Kopf auf den Straßenbahnführer los. „Du Vollidiot!", höre ich ihn brüllen. Doch der hatte ja keine Sülze gebaut, denn der Unfall war augenscheinlich die Schuld des wütenden Autofahrers, weil er den Fußgängerüberweg als Wendeschleife benutzt und dabei die heranrasende Bahn übersehen hatte.

Die Sensation ist jedoch eine andere. Jenes, die Mollstraße blockierende Fahrzeug ist ein silberfarbener Mercedes Benz. Diesen Autotyp habe ich bisher lediglich als Matchbox oder im West-Fernsehen gesehen. Das Teil leuchtet wie ein Raumschiff von einem anderen Stern. Doch ich bin kein Gaffer und bleibe nur, bis das riesige Schiff auf den Gehweg bugsiert ist – ein Rad eiert derart, dass eine Weiterfahrt unmöglich erscheint –, und verschwinde dann im Häusermeer der Neubauten.

Wenig später gehe ich runter in den Alfclub. Noch bevor ich meine weit ausholende Geschichte beendet habe, sind Torte und

Bommel bereits mit Werkzeug bewaffnet nach draußen geflitzt. Eine Stunde später kommen sie wieder. Unser Kleinster ruft: „Scheiße, die Spasten aus der Edgar André Schule waren schon vor uns da." ‚Wahrscheinlich wurden sie eher vertrieben', denke ich. „Aber Torte hat noch was abbekommen", strahlt er. Kurz danach trifft mein handwerklich geschicktester Freund ein. Nein, er trägt keinen Mercedesstern an einer Kette um den Hals und hält auch nicht stolz ein Autoradio Marke „Blaupunkt" in die Lüfte. Torte wuchtet einen fetten, braunen Ledersessel in den Club. Er hat den Beifahrersitz abgeschraubt. Wie kuhl!

Nach einer fast aus dem Ruder geratenen Kabbelei, wer nun wie lange darauf sitzen darf, schleichen wir mit einer roten Stabtaschenlampe bewaffnet noch einmal auf die schwach beleuchtete Straße. Der Mercedes steht nach wie vor auf dem Bürgersteig, ist aber längst nicht mehr als solcher zu erkennen.

Er ähnelt nun eher einem Wal-Gerippe aus ZDF-Naturfilmen, denn er besteht nur noch aus einem Metallgehäuse und Streben, die niemand so schnell abmontieren konnte. Von Lenkrad und Radio keine Spur. Auch sämtliche Räder, Scheiben, Türen und Sitze fehlen. Sogar die Motorhaube haben marodierende Banden mitgehen lassen. Darunter: gähnende Leere.

Auf dem Rückweg schlendert uns Thomas aus der 10. Klasse mit einem West-Doppelkassettenrekorder von Philips entgegen. Das Ding ist fast einen Meter lang, zwanzig Zentimeter hoch und hat unendlich viel Power. Sofort ist er der neue Held des Tages, denn in einer Art Armeerucksack schleppt er zudem 40 Dosen DAB mit sich herum, die er soeben im Intershop gekauft hat. Erstens gibt es bei uns nur Flaschen und zweitens hat noch keiner von uns jemals Bier von drüben getrunken. Er baut die Dosen auf der Tischplatte geschickt zu einer Pyramide auf und drückt auf die Playtaste, bevor er entspannt im Mercedes-Chefsessel Platz nimmt. Es ist ein unglaublicher Anblick: So stellen wir uns den Westen vor. Sagenhafte Bierpyramiden, kuhle Typen auf Ledersesseln und laute Musik aus monströsen Ghettoblastern.

An diesem Abend rauche ich zwei Zigaretten auf Backe, trinke, nur weil es Westbier ist, drei Dosen DAB und kotze die halbe Nacht aus dem Kinderzimmer-Fenster im neunten Stock. Bis zum 3. Stock werden die Fensterbretter unappetitlich besprenkelt, aber aus unseren Blöcken reihert ja öfter mal jemand. Mich hat zu diesem Zeitpunkt noch niemand in Verdacht.

Am nächsten Morgen ist der kapitalistische Blechhaufen verschwunden. Doch in keiner einzigen Zeitung findet sich eine Nachricht zum Unfall oder die blitzschnelle Verwandlung des Wagens in puren Schrott.

Für mich gibt es jedoch eine neue Erkenntnis: Auch Berliner Jungs können unglaublich asozial sein, wenn es darum geht, in den Besitz von Westwaren zu gelangen. Von wegen Abscheu der Jugend vor Verbrechen.

Automobile, die wie ein Raumschiff von einem anderen Stern, silberfarben leuchtend, am Straßenrand stehen, werden auch in der Hauptstadt der zehntstärksten Industrienation ganz schnell in Volkseigentum verwandelt.

Dostoprimetschatelnosti

Wir schreiben Montag, den 11. März 1985. Mutter steht wie immer um 6.50 Uhr auf und schaltet 6.55 Uhr das Radio im Wohnzimmer an. „Was ist denn heut bei Findigs los?", schallt es bis ins Kinderzimmer in Lautstärke 9. Bei Stufe 10 wäre unser Haus zusammengefallen. Im Berliner Rundfunk laufen die „Findigs", eine bescheuerte Familie, mit Mutter, Vater, Jani, Jockl, Pit und Peggy, die in einer Art Hörspiel den gewöhnlichen DDR-Alltag darstellen sollen.

Als die Nachrichten beginnen, wird die Kühlschranktür aufgerissen. Das Geräusch ist für uns Kinder nicht hörbar, wird jedoch von Otto, dem Meerschwein, umso deutlicher wahrgenommen, denn es beginnt augenblicklich derart laut zu quieken, dass Benny und ich endgültig stramm im Bett stehen. Die Tür fliegt auf, gefolgt von einem lauten Schrei: „Aufstehen! Oder wollt ihr etwa zu spät zur Schule kommen?" Mir fliegen fast die Plomben aus dem Mund. Ein ganz normaler Montagmorgen!

Nach dem Zähneputzen mit Putzi und einer Katzenwäsche gehe ich in die Küche und packe die blaue Plaste-Dose, in der die von Mutter geschmierten Stullen liegen, in meine schwarze Aktentasche. Das Ding mit dem Zahlenschloss habe ich vor einem Jahr gegen den braunen Schulranzen ersetzt, weil Koffer jetzt urst einfetzen. Daneben liegt ein bekritzelter Zettel: „Mark! Bring den Mülleimer runter!" Meine Mutter kann schon am Montag ziemlich ätzend sein. Ich hebe den verrosteten Eimer aus der

Verankerung, gehe zum Fahrstuhl und drücke auf die 1. Etage. Der Müllschlucker-Raum im 9. Stock ist seit ein paar Wochen gesperrt, weil ein Idiot den Schacht mit Pappe verstopft oder seine Mutter darin versenkt hat. ‚Scheiße', denke ich unten. Auf Höhe des Aushangs des Wohnbezirksausschusses der Nationalen Front stehen Uta, Anja und Lena aus meiner Klasse, die gerade Daniela abholen wollen. Um mir die Peinlichkeit zu ersparen, direkt vor den Weibern unseren stinkenden Wochenendmüll zu entsorgen, gehe ich mit starrem Blick geradeaus zum Ausgang und laufe in Richtung Schule.

„Ey Scheppi. Haste heute einen Vortrag in Bio?", ruft mir Bommel zu. Ich habe den Eimer – in Gedanken versunken – bis auf den Schulhof geschleppt. Eilig renne ich zurück und verstecke das Ding im Gebüsch des Rosengartens. Wie peinlich – und nun bleibt nicht mal mehr Zeit, die Mathe-Hausaufgaben bei Dirk abzuschreiben.

Die üblichen Verdächtigen stehen am Zaun und diskutieren gerade über das lockere 9 : 0 des BFCs gegen Stahl Riesa. „Wisst ihr eigentlich, dass der Vater von Jan Voss über mir wohnt?", rufe ich, da er das achte Tor vor 5.000 Zuschauern – Bommel, Trulli und mich inklusive – geschossen hatte. Ich bin froh: Die Mülleimeraktion hat außer meinem Freund niemand bemerkt. „Voss, die Pfeife", pöbelt Bergi „der Thom ist tausendmal besser!" Er ault zur Bekräftigung auf den Boden. Leider stimmt das und der hatte sogar zweimal getroffen. Ich kann keinen fetzigen Spruch entgegensetzen. Die Woche beginnt echt beschissen.

Als die Schulklingel ertönt, kommen unsere gackernden Mädchen um die Ecke und auch Andi und Tessi, die bei den großen Jungs in einer von der Hofaufsicht nicht einsehbaren Ecke noch eine gepafft haben. Zusammen laufen wir die Treppen hinauf und dann rechts den Gang entlang in Richtung Klassenzimmer.

Erste Stunde Mathematik. „Herr Blase, ich melde die Klasse 7 B ist vollzählig zum Unterricht bereit", salutiert Sabine vor dem Lehrertisch. Ich bin nicht so schlecht im Rechnen, aber da mich der Blase nicht sonderlich mag – was auf Gegenseitigkeit beruht –, gebe ich mir in dem Fach nicht viel Mühe und stehe zwischen 2 und 3. Im letzten Jahr ist er auch noch unser Klassenlehrer geworden.

Im Zeugnis der 6. Klasse hatte er Folgendes über mich geschrieben: „Mark schöpft seine geistigen Fähigkeiten nicht aus, dabei ist er in der Lage, besonders im Bereich logisches Denken gute Ergebnisse zu erzielen. So könnte er durch bessere Mitarbeit den Unterricht positiv beeinflussen. Mark tritt selbstbewusst auf und ist in der Lage, frei und ohne Hemmungen zu sprechen. Wenn er sein Pflichtbewusstsein noch erhöht, kann er die Aufgaben innerhalb der Pionierorganisation vorbildlich erfüllen. Es gelingt ihm aber nicht immer, seine Schwächen, die in der Disziplin zu suchen sind, zu bekämpfen und die Klassenkameraden stets positiv zu beeinflussen!"

Heute vergisst Herr Blase die Hausaufgaben und erklärt uns stattdessen, wie wir die Quadratwurzel von Zahlen mit Hilfe eines Rechenschiebers des VEB Mantissa ermitteln. Das ist nicht schwierig, da man die gesuchte Zahl mit dem Läufer auf der Skala A einstellt und das Ergebnis auf der Skala D nur ablesen muss. Bergi und Tessi lachen sich trotzdem schlapp, weil sie die Lösung auf ihren handlichen Taschenrechnern von „Sanyo" schon nach acht Millisekunden wissen. Währenddessen haut Andi mit der weit ausgezogenen, hellgrünen Zunge des Rechenstabs Lars auf den Hinterkopf, sodass dieser zu heulen beginnt. Blase schmeißt einen Schwamm in seine Richtung und brüllt: „Ruhe, verdammt nochmal. Alle schlagen Seite 14 des Tafelwerks auf." Man kann dem Lehrer zu Gute halten, dass er niemanden bevorteilt.

Bei Frau Frisch, die wir in der zweiten Stunde haben, verhält sich das anders. Seit diesem Schuljahr quält uns die stellvertretende Direktorin im neu auf dem Stundenplan stehenden Fach Staatsbürgerkunde damit, für eine gute Note genau das nachzuplappern, was sie hören will. Von der Wand schaut uns hier ein bildergerahmter Erich Honecker im grauen Anzug schmallippig lächelnd dabei zu.

Auf dem Titel des Schulbuches steht „Einführung in die sozialistische Produktion" und die Zeit zieht sich hier immer wie ein Kaugummi. Stabi, wie wir es, das „ü" ignorierend, nennen, dient keinem anderen Zweck, als diese Zeit totzuschlagen.

Bereits im ersten Halbjahr gab es einen Tadel für Andi, der aus purer Langeweile mit einem Druckbleistift von KOH-I-NOOR die Lehrerin mit kubanischen Apfelsinen-Schalen beschossen und sich damit angeblich über befreundete, hungernde Kinder im sozialistischen Angola lustig gemacht hatte.

Fünf Minuten nach Beginn des Unterrichts meldet er sich: „Frau Frisch. Was sagen Sie eigentlich dazu, dass der Tschernenko gestern gestorben ist?" Unsere Lehrerin starrt ihn an und schreit dann mit roter Rübe: „Das ist nicht wahr! Im Radio wurde davon nichts berichtet! Andreas Billstedt, du erhältst einen Tadel!" Die Frisch lebt in einer sozialistischen Traumwelt, in der sie von morgens bis abends recht hat.

Ich ärgere mich. Wegen Mutter habe ich auch nur DDR-Funk gehört. Sollte nach Breschnew und Andropow schon wieder einer in der SU abgekratzt sein? Falls nicht, würde es langsam eng für Andi. Die Frisch hat schon öfter mal gedroht, ihn in den Jugendwerkhof zu schicken. Der Knast für schwererziehbare Rabauken ist neben der „Kloppi-Schule" für Blödis und dem „Griesinger" für Spasten das Sinnbild dessen, wo man nicht so gerne hin möchte. Erstrebenswerte Ziele, außer Kosmonaut zu werden, gibt es allerdings auch keine, die wir 7.-Klässler gerade so vor Augen haben.

In der Milchpause bildet sich ein Pulk um Andi. „Na, das haben sie doch heute früh im RIAS gesagt. Der Typ ist mausetot!", erklärt er stolz. Er weiß, durch den Tadel hat er in unseren Reihen eher an Achtung gewonnen.

Plötzlich kommt über die Lautsprecheranlage krächzend die Ansage, dass sich die Schüler der 2. POS Käte Duncker sofort zum Fahnenappel zu versammeln haben.

Auf dem Schulhof beziehen wir in Zweierreihen Aufstellung und laufen nach dem Befehl: „Augen gerade aus! Im Gleichschritt marsch!" zu Arbeiterliedern in Richtung Appellplatz vor dem Schulgebäude. Eigentlich ist das immer eine willkommene Abwechslung im tristen Schulalltag. „Pass doch auf, du Pfeife!", ruft einer. Bergi ist dem dicken Günna aus der Achten mit Absicht in die Hacken gelatscht.

Auf dem Stellplatz ertönt krächzend ein Kampflied aus alten Lautsprecherboxen. Die Schüler der höheren Klassen geben sich große Mühe, besonders falsch zu singen, und, wenn möglich, den Text zu verunstalten. Beispielsweise heißt es: „Ich trage eine Fahne und diese Fahne ist rot. Es ist die Arbeiterfahne, die Vater trug durch die Not." Im Text wird das Wort „Arbeiterfahne" durch „Arschkriecherfahne" ersetzt und schon klingt es viel fröhlicher, was durch den „Kot" getragen wird.

Sobald alle Schüler in U-Form ihren Platz eingenommen haben, wird von den Strebern und Arschkriechern der GOL die DDR- und die rote Arbeiterfahne gehisst. Der Vorsitzende, Hannes Jungblut, ruft ins Mikrofon: „Für Frieden und Sozialismus. Seid bereit!" und die Pioniere in den vorderen Reihen parieren mit erhobener Hand vor der Stirn: „Immer bereit!" Die FDJler, die soeben noch „Immer breit" gemurmelt haben, bekommen ihr „Freundschaft" vorgesetzt und einige antworten mit einem gezischten „Feindschaft".

Vor uns liegen zehn Treppenstufen und oben steht die Frisch auf einem zusätzlichen Podest mit Rednerpult hinter einem Mikrofon und verliest lautstark die politischen und sozialen Errungenschaften unseres sozialistischen Vaterlandes. Mit dem Aufruf zur Solidarität zu unseren Bruderstaaten und der Geschlossenheit im Kampf gegen den feindlichen Imperialismus endet ihr Part.

Dann stellt sich die Direktorin Frau Seifert auf das Podium und erklärt mit betroffener Miene: „Soeben wurde bekannt, dass der 1. Generalsekretär des ZK der KPdSU und Vorsitzende des obersten Sowjets, Konstantin Tschernenko, verstorben ist. Wir trauern um den Führer der ruhmreichen Sowjetunion und der sozialistischen Bruderstaaten und legen eine Schweigeminute ein." Jungblut kurbelt theatralisch die DDR- und danach die Arbeiterfahne auf Halbmast. Die rechthaberische Frisch ist unterdessen abgetaucht.

Wir holen unsere Turnbeutel und gehen in die Umkleideräume der Sporthalle. Dort treffen wir auf die Idioten der A-Klasse. Eigentlich ist die Zeit der kindlichen Sprüche: „A wie Arschloch" und „B wie Blödis", längst vorbei (im Umkehrsatz heißt es „A wie artig" und „B wie besser"), aber Konkurrenz herrscht noch immer, die wir besonders im Fußball ausleben. Herr Pinka lässt uns zum Aufwärmen auf dem Schotterplatz immer 20 Minuten bolzen, was wir natürlich besser als 3.000-Meter-Läufe im Friedrichshain finden. Mit Andi, der bei Kühlautomat spielt, Didi und mir vom EBT haben wir die vermeintlich besten Spieler in unseren Reihen und ich kann mich öfter mal in die Torschützenliste eintragen. Heute gewinnen wir mit 2 : 1 und nach einer Einheit Hockstrecksprünge geht es zum Hochsprung zurück in die warme Halle.

Für die 1 müssen wir 1,34 springen, was außer dem dicken Tessi und dem kleinen Bommel jedem gelingt – egal ob im Scherensprung, Wälzer oder Flop. Alle Weiber, die „sportfrei", oder „Erdbeerwoche" haben, sitzen beim Rekord-Springen hinter der dicken Hochsprungmatte und lachen sich scheckig, wenn Borschi aus der A an der Reihe ist. Er trägt, wie wir, ein ärmelloses gelbes Shirt und eine weiße Turnhose. Nur hat er keinen Schlüpfer darunter an! Bei jedem Sprung zeigt er allen seine Nudel, die dann aus der Seite herausbaumelt. Die Mädels kreischen entzückt: „Wer ist dran? Borschi unser Pimmelmann!", sobald er Anlauf nimmt. Da er jede Höhe immer erst im dritten Versuch meistert, moniert Bergi: „Der stellt seinen hässlichen Puller scheinbar ganz gerne zur Schau." Andi schafft später sensationelle 1,64 Meter, womit er locker auf die KJS kommen könnte. Die Kinder- und Jugendsportschule ist für manche auch noch so ein erstrebenswertes Ziel in unserer sportverrückten Nation.

Es folgt der Russisch-Unterricht. In der sechsten Klasse hatte ich eine aus Moskau kommende Lehrerin einmal mit dem Spruch: „Russki, Russki, du musst wissen, deine Sprache ist beschissen!" zum Heulen gebracht. Dafür handelte ich mir einen Tadel ein und zu Hause gab es richtig Ärger. Bis ich beim Lauschen an der Wohnzimmertür mitbekam, dass mein Vater den Satz eigentlich ziemlich lustig fand und ihn nach vier Bieren und drei Korn etliche Male wiederholte.

Unsere neue Lehrerin, Nina Stiller, ist Deutsche und nicht so leicht aus der Fassung zu bringen, doch die Sprache bleibt nach wie vor doof, weil wir sie nie – wie uns immer weißgemacht wird – auf dem Alex oder im Urlaub anwenden können. Es gibt in Berlin einfach keine Komsomolzen oder Menschen aus der Sowjetunion, außer vielleicht im Haus der Deutsch-Sowjetischen Freundschaft am Frankfurter Tor, im internationalen Pionierlager in der Wuhlheide oder im Kosmonauten-Zentrum im Pionierpalast.

Dabei fanden wir die Sprache in der 5. Klasse noch spannend, vor allem wegen der kyrillischen Buchstaben und weil einige Worte urst komisch klangen. „Dostoprimetschatelnosti" (Sehenswürdigkeiten) werden wir noch in 50 Jahren fehlerfrei aussprechen können. Doch die Euphorie flachte schnell ab. Niemand von den Jungs will eine Brieffreundin in Leningrad, Baku oder Nowosibirsk haben.

Unser neuer, sinnloser Spruch lautet nunmehr: „Nina, Nina, tam kartina. Eto traktor i motor." (Nina, Nina, dort ist eine Karte. Das ist ein Traktor und ein Motor).

Während der Heimfahrt, nach zwei Gläsern Sekt im Lehrerzimmer, lächelt vielleicht sogar Frau Stiller in ihrem grünen „Zappelfrosch" (sie hat ein Auto der Marke Saporosch) darüber. Dann ist endlich Mittagspause!

Timurs Trupp

Zur Essensausgabe, die von Hausmeister Müller im Keller unter flackerndem Neonröhrenlicht streng überwacht wird, geht kaum noch einer. Heute gibt es „Tote Oma", was sowieso ein Ausschluss-Kriterium ist. Obwohl ich zu Hause immer das Essensgeld abkassiere, lungere ich in der großen Pause lieber mit den Jungs vor der Koofi oder am Leninplatz herum. Meist spielen wir dort Autokarten, Knack, Skat oder Telespiele aus sowjetischer Produktion auf dem Sockel des Denkmals.

Zurück auf dem Hof gibt es Krach. Die komplette A-Klasse umringt den Kossart aus der 9. Klasse, der sich gerade, wie immer, wenn er geärgert wird, in die Hand beißt.

Wenn es darum geht, Schüler aus höheren Klassen fertig zu machen, halten wir in der Regel zusammen. „Der Spasti gehört doch ins Griesinger", brüllt Bergi, der sich gerne mal bei den A-Typen einschleimt, wobei er mit seiner Aussage nicht ganz Unrecht hat. Sven Kossart scheint eine Vollmeise zu haben, nicht zuletzt, weil er ständig irgendwo herumkokelt oder Kopf voraus in fauligen Specki-Tonnen wühlt. Niemand hilft ihm, als Enno ihm eine „Brennnessel" verpasst, und sein Martyrium endet erst mit dem Beginn der 5. Stunde.

Wir haben Geografie beim Mahler. Der Lehrer mit dem leicht ergrauten Vollbart, der morgens immer in Lederjacke auf einer schwarzen 250iger MZ angebraust kommt, ist in Ordnung. Der Unterricht findet im dritten Stock am Ende des Flures statt. Hier ist sein Reich, denn auch Biologie, wo wir dicke Regenwürmer zentimeterweise durchtrennen und die Älteren sogar Frösche sezieren dürfen, haben wir bei ihm. Unser Pflanzenbuch, welches durch ständige Exkursionen in den Volkspark, die Wuhlheide oder nach Hirschgarten erweitert wird, hat mittlerweile die Stärke des „Kapitals", welches die Frisch uns nun ständig um die Ohren haut. Doch im Gegensatz zu Marx-Zitaten können wir uns die mit DUOSAN eingeklebten Gewächse auch merken.

Die Laborzimmer sind außerdem viel kuhler, weil wir dort, getrennt durch die Mittelkonsole, zu dritt in einer Reihe sitzen können – nicht, wie sonst, in gebohnerten Räumen an exakt ausgerichteten Zweiertischen. Was Geo besonders spannend macht, ist der Wettbewerbscharakter. Diesmal holt Mahler eine Rohstoffkarte der DDR aus dem Lehrerkabinett und ruft: „Merkt euch jetzt alle Salz- und Kalivorkommen." Nach fünf Minuten nimmt er sie ab und fummelt eine normale DDR-Landkarte an den Ständer. Bommel wird nach vorn gerufen und muss auf dieser die zuvor gemerkten Ballungsgebiete zeigen. Mein Freund findet 8 von 10 Orten und bekommt eine 2 ins Klassenbuch eingetragen. Komischerweise ist hier niemand richtig schlecht. Die 14 Bezirkshauptstädte der DDR – sogar das schwule Suhl – können fast alle mit verbundenen Augen aufzeigen.

Meine Begeisterung für Geografie geht sogar so weit, dass ich alle Hauptstädte der Welt auswendig weiß und Benny, der mich abfragt, irgendwann auch! Doof finden wir beide dabei lediglich, erst in zwei der Metropolen gewesen zu sein. Berlin und Prag in der ČSSR. Aber für das kommende Jahr hat uns Vater Budapest fest versprochen.

Nun geht es zur Deutschstunde bei Frau Wagenbach. Die dunkelhaarige Lehrerin mit dem Grübchen-Lächeln mag eigentlich jeder. Sie ist jung, fair und vor allem bildschön. Wenn sie im kurzen Rock die Gänge entlangschwebt, schauen sich alle Jungs um und die Großen machen ihr unmoralische Angebote. Auch ich stelle mir manchmal in meinen Träumen vor, wie sie mir beim Altstoffsammeln – nur in Spitzen-Unterwäsche bekleidet – die Tür öffnet. Leider bin ich viel zu alt dafür, doch andere Vorwände, um bei ihr zu klingeln, sind mir bisher noch nicht eingefallen.

Ihr Unterricht ist nie langweilig, weil sie die Auszüge aus Büchern äußerst lebensecht vortragen kann und dadurch auch Lesemuffel überzeugt, dass Pflichtlektüre wie „Käuzchenkuhle"; „Ede und Unku", „Das siebte Kreuz", „Nackt unter Wölfen",

„Djamilja" und „Timur und sein Trupp" urst einfetzen können. Besonders das Buch von Arkadi Gaidar hatte es uns angetan. Alle wollten danach der „Kommissar", wie Timur genannt wird, sein. Oder Kolja, Geika, Wassili und Sima aus seiner Truppe. Die verrückte Ina aus der A-Klasse nannte sich eine Zeit lang sogar Shenja, nach Timurs Freundin. Nur „Kwakin", der Anführer der Bösen, war – für uns aus der B – immer einer aus der Parallelklasse.

In Deutsch habe ich immer eine 1 und Frau Wagenbach ermutigt mich sogar, Werke aus höheren Stufen zu lesen. So war ich der erste meiner Jungs, der „Die Abenteuer des Werner Holt" las und es danach weiterreichte. Timur geriet in Vergessenheit, weil nun alle den kuhlen Flakhelfern Wolzow, Gomulka oder eben Holt nacheifern wollten.

Nach der Stunde verabschieden sich meine Freunde von mir, weil – bis auf Andi – keiner von ihnen am Fakultativ-Unterricht Englisch teilnimmt, wenngleich auch der bei Frau Wagenbach stattfindet. „Ich mach doch keine Zusatzstunden", ist ihr Credo und lediglich weil man ohne eine zweite Fremdsprache nicht zum Abi zugelassen wird, bin ich dabei. Andi macht mit, weil er mal in die USA reisen will, der Spinner!

Die Entscheidung bereue ich nicht, weil der Unterricht zusammen mit der A stattfindet – ohne deren Obermacker Enno, Martin und Töhne, dafür aber mit den hübschesten Mädchen der Schule. Wahrscheinlich haben sie bei der Einschulung allen gut aussehenden weiblichen Kindern das Prädikat „A-Klasse" verpasst, denn die richtigen Topbräute gehen nun mal in die Nachbarklasse.

Ina, das Mädchen mit den zum Pferdeschwanz gebundenen blauschwarzen Haaren und den leuchtenden Kastanienaugen, ist sauhübsch – nur dummerweise total durchgeknallt. Sie klaut Blumen in den Rabatten rund um den Leninplatz, um sie vor dem S-Bahnhof am Alex weiterzuverkaufen, kommt manchmal barfuß zur Schule und ist sogar mal abgehauen. Damals war sie drei Tage allein durch den Thüringer Wald getingelt, was sie superkuhl gefunden hatte, obwohl ihre Oma und ein riesiger Suchtrupp in großer Sorge gewesen waren. Ina ist zudem die Einzige, die sich mit dem Kossart – natürlich in Geheimsprache – unterhält, ihn in Schutz nimmt und sagt: „Timurhelfer wollen keinen

Dank." Ich mag das Zopfmädchen mit der lebhaften Ausstrahlung, aber sie anzubaggern birgt die Gefahr, ein stumpfes Messer von FORON zwischen die Rippen zu bekommen.

Dann sind da noch Simone und Nadja. Die geben sich mit uns Spastis überhaupt nicht mehr ab und gehen mit älteren Typen aus anderen Schulen. Simone, die ich in der 6. Klasse noch abgewimmelt hatte, ist mittlerweile sehr attraktiv geworden und Nadja nach wie vor ein Traum, der niemals in Erfüllung geht. An den legendären Kuss am Lenindenkmal kann sie sich bis heute nicht erinnern und als ich sie einmal zu lange angestarrt hatte, fragte sie mich genervt: „Hab ich einen Frosch auf dem Kopf, oder warum glotzt du so?" Wie ein Häufchen Elend trabte ich von dannen.

Die beiden benehmen sich wie eineiige Zwillinge und lächeln genauso abfällig wie Mädchen aus der 10. Klasse. Zudem tragen sie die schärfsten Westklamotten der gesamten Schule, aber auch Füller, Tintenkiller und sogar die Radiergummis sind ausschließlich von „Pelikan" oder „Geha". Natürlich sind sie hierbei mit Westgeld-Verwandten klar im Vorteil.

Bei uns „Anderen" gibt es noch zwei Abstufungen: Wer Eltern hat, denen 500 DDR-Mark für eine Lederjacke nichts ausmachen, kann im „Exquisit" einkaufen. Dort gibt es oftmals Sachen fast auf Westniveau. Die ärmsten Schweine sind die, welche ihre Klamotten im Centrum Warenhaus oder in der Jugendmode kaufen müssen. Ich bin natürlich „Kategorie C", der sich beim Durchstöbern von Mode dritter Wahl wiederholt anhören muss: „Keine Bluejeans haben wir im zweiten Stock. Hier haben wir keine Turnschuhe", oder einfach nur: „Ham wa nüsch!"

Vor Englisch gehe ich immer aufs Klo und stelle mich vor den Spiegel, um meine Haare zu sortieren und Pickel auf der Stirn auszudrücken, was die Sache meistens schlimmer macht. Auch wenn ich laut Blase zu „übersteigertem Selbstbewusstsein" neige, bekomme ich im Englisch-Unterricht keinen geraden Satz heraus. Mitarbeit 5!

So bin ich immer froh, wenn Frau Wagenbach den Fernseher anschaltet und wir „English for you" mit Dave und Jenny schauen dürfen, die in Großbritannien alles scheiße finden, weil es dort Staus, Streiks, hohe Mietpreise, Arbeitslosigkeit, Kriegstreiberei, Profitgier und Kapitalismus gibt.

Nach dem irrsinnig langen Schultag verkürzt sich die Gammelzeit vor dem Fernseher, bis meine Mutter eintrifft. Kurze Zeit später kreischt es aus der Küche: „Mark, wo ist unser Mülleimer? Womit habe ich das alles verdient?" ‚Mist, den habe ich doch glatt im Gebüsch vergessen', denke ich und spurte sofort zur Tür. Mit meiner Mutter darf man es sich wirklich nicht verscherzen – schon gar nicht an einem Montag.

Gruppenratswahl

Als wäre ein Montag nicht schon Strafe genug, findet in der darauffolgenden Woche auch noch eine außerplanmäßige Gruppenratswahl nach dem Unterricht statt, weil unsere Vorsitzende Steffi umgezogen war und unsere Klasse – obwohl wir bald in die FDJ aufgenommen werden – deshalb neu wählen muss.

„Was hältst du eigentlich davon, heute Gruppenratsvorsitzender zu werden?", frage ich Andi auf dem Schulhof. „Bist du jetzt total bescheuert, oder was?", pariert er und zeigt mir einen Vogel. „Na nur, um die Frisch ein bisschen zu ärgern", antworte ich und sehe in seinen Augen nun keine gänzliche Ablehnung mehr.

„Nee, lass das mal lieber wieder die Weiber machen", murmelt er. „Nur für drei Wochen. Danach können wir dich ja wieder abwählen", bettele ich, doch mein Freund schüttelt energisch den Kopf.

Um 15.00 Uhr trudeln die restlichen Jungs im weißen Pionierhemd und mit schlampig gebundenem rotem Pionierhalstuch ein. Zwanzig Minuten später sitzen wir in U-Form an Tischen. Vor uns haben Herr Blase, Frau Frisch und Herr Hohmann aus dem Elternrat Platz genommen. Wie peinlich für Dirk, dass sein Alter bei solchen Sitzungen fast immer mit dabei ist. Vor ihnen liegt die TROMMEL, welche vor zwei Jahren die bei allen einigermaßen beliebte FRÖSI als Pflichtzeitschrift für uns Thälmann-Pioniere abgelöst hat.

„Für Frieden und Sozialismus, seid bereit", ruft Uta, die bisherige Stellvertreterin. Wir antworten gelangweilt mit: „Immer bereit" und singen danach „Spaniens Himmel breitet seine Sterne über unsere Schützengräben aus". Die Wahl des Gruppenrats ist der einzige Tagesordnungspunkt.

Sabine und Lars können nicht gewählt werden, weil sie im Freundschaftsrat eine hohe Funktion ausüben, was sie jedem mit den zwei roten Streifen über dem „JP-Emblem" zeigen. Ein „TP", für Thälmann-Pioniere, gibt es nicht.

Lena meldet sich: „Ich schlage Daniela als Vorsitzende vor", während Anja sofort quäkt: „Ich auch!" Die Mädchen haben sich also auf Daniela aus meinem Haus geeinigt – diese Ziege, die stets darauf bedacht ist, wie ein Junge auszusehen. Die weiße Pionierbluse mit dem roten Tuch und der blaue Rock stehen ihr sogar, denn so kann sie ihre Klamotten, die aus Konsumjeans und einem 10er-Pack Nikis aus der Jugendmode zu bestehen scheinen, wenigstens mal für zwei Stunden im Schrank lassen. Außerdem riecht sie, trotz der kurzen Haare, immer extrem nach Action-Haarspray und gilt – neben der fetten Anja – als größte Petze der Klasse.

Das ist zu viel für mich. „Ja, bitte Mark!", ruft Uta, die sieht, dass ich meine Hand gehoben habe. „Also ich schlage Andi vor", und schaue dabei tief in seine Augen. Unmerklich schüttelt er den Kopf und auf seinen Lippen kann ich ablesen: „Bei dir piept's wohl", aber ich weiß: Auch er hasst Daniela wie die Pest. Ich beobachte, dass die Frisch tief durchatmet und ihre Gesichtsfarbe von blass ins Rötliche wechselt, während Herr Blase still in sich hineinzulächeln scheint. Wir sind seit Steffis Weggang 13 Jungs und nur noch 12 Mädchen in der Klasse.

Siegessicher lasse ich den Blick durch die Reihen schweifen – und fange plötzlich an zu schwitzen. Didi ist nicht gekommen. Natürlich nicht, denn er ist ja kein Mitglied. Selbst wenn er an einigen Pioniernachmittagen gerne teilnehmen wollte, lassen ihn seine Eltern nicht und schleppen ihn lieber in die evangelische Kirche. Ich Idiot hatte das total vergessen. Uta fragt: „In Ordnung, wer ist alles für Andi?"

Zwölf Arme – einschließlich seines eigenen – recken sich in die Höhe. Doch das wird nicht reichen, da bei einem Unentschieden Pionierleiterin Frisch, unter Abwesenheit jeglichen Humors, zum Wohle der Pionier-Organisation entscheiden wird.

Ich blicke hinüber zur Stabi-Lehrerin, die sich allmählich zu entspannen scheint. Uta beginnt zu zählen. „Eins, zwei, drei,…" Die Frisch feiert schon innerlich. Gleich wird mit Daniela ein ihr stets alles zutragender Pionier zur Gruppenrats-Vorsitzenden des Klassenkollektivs der 7 B gewählt werden. „Elf, zwölf – und dreizehn", ruft Uta. Irritiert schaue ich in die Runde. Wer hat sich denn da auf unsere Seite geschlagen? Astrid lächelt und ich nicke ihr anerkennend zu, doch sie deutet mit dem Daumen nach links. Daniela selbst ist die entscheidende Wählerin und Andi damit neuer Gruppenrats-Vorsitzender. Wie arschkuhl ist das denn!

Uta bleibt Stellvertreterin, Lena Schriftführerin, Dirk wird zum Altstoff-Beauftragten und Milchgeld-Kassierer gewählt (was seinen Vati sichtlich stolz macht) und ich bleibe Sport- und Kulturfunktionär. Lediglich bei Anjas Wahl zum Agitator wird es noch einmal eng, aber da die Jungs schon den Chefposten stellen, kann sie den ungeliebten Job ruhig weiterhin machen. Wir haben der Frisch gehörig eins ausgewischt!

Auf dem Heimweg steht Andi natürlich im Mittelpunkt. Alle lachen sich darüber kaputt, dass erstmals ein Schüler der Käte zum Gruppenratsvorsitzenden gewählt worden ist, der in Betragen gerade eine 5 hat und in der Vorwoche nur knapp an einem Tadel vorbeigeschrammt ist. Das Gebot „Wir Thälmannpioniere lernen fleißig, sind ordentlich und diszipliniert" trifft auf ihn wahrlich nicht zu.

Sogar Lars darf nun Teil der Truppe sein, da er sich der Stimme nicht enthalten hat. Allerdings wird er geahnt haben, dass er sonst von Bergi am Kragen seines Anoraks an die Klettergiraffe gehängt worden wäre, wo er alsbald wimmernd Nasenbluten bekommen hätte.

Kurz vor meinem Hauseingang nehme ich Andi zur Seite. „Warum hat Daniela eigentlich für dich gestimmt? Kapiere ich nicht." Ich bemerke seine Unsicherheit, da er sonst fast immer einen Kuhlen macht. „Scheppi, wenn du es unbedingt wissen willst. Ich bin mit Dani seit über einem Jahr zusammen."

Ich bin eher enttäuscht als geschockt, weil er mir – seinem angeblich besten Freund – dies bisher verschwiegen hatte, denn „wir Thälmannpioniere lieben die Wahrheit, sind zuverlässig und einander freund", besagt ein anderes Gebot.

Erst vor dem Fernseher auf der Couch wird mir klar, dass ich wahrscheinlich von vielen Dingen, die sich in meinem allerengsten Umfeld zutragen, nicht die geringste Ahnung habe. Irgendwo wird sogar gemunkelt, dass Steffi gar nicht nach Querfurt, sondern in die USA „umgezogen" ist, was auch den weißen Flor an der Autoantenne ihres Vaters erklären würde. Aber wer weiß denn eigentlich, dass ich in Nadja und manchmal sogar in die verrückte Ina verknallt bin? Niemand!

Kurz darauf beginnen die Heute-Nachrichten im ZDF. Die Top-Meldung des Tages widmet sich dem 54-jährigen Michael Gorbatschow, der vorige Woche zum neuen 1. Generalsekretär der KPdSU der UdSSR gewählt worden war. Der Mann mit dem Muttermal auf der Glatze ist verhältnismäßig jung und sieht nicht einmal besonders unsympathisch aus. Doch große Reformen, wie sie die Leute im Westen nun erhoffen, sind auch von ihm sicherlich nicht zu erwarten. Ebenso wenig wird Andi eine Wende im Verhalten des Gruppenrats der 7 B einleiten. Dafür sind die Strukturen unserer Pionierorganisation viel zu eingefahren.

DDR-Minigolf

Ausgerechnet Martin! Schon seit Wochen prahlt er damit fast in jeder Pause, und abends am Leninplatz oder im Alfclub gibt es für ihn kein anderes Thema mehr. So viel scheint klar zu sein: Er ist der erste Typ aus unseren beiden Klassen, der mit einem Mädchen gepennt hat. „Eingelocht", nennt er das stolz. Doch die ersehnten Sommerferien 1985 stehen vor der Tür – das ist meine große Chance, endlich aufzuschließen.

Ich freue mich auf mein erstes Lager für Arbeit und Erholung, als ich am Bahnhof Lichtenberg in die vielen unbekannten Gesichter schaue. Etwa 30 Mädchen im Alter zwischen 14 und 17 sind auch mit dabei und wie im Ferienlager loten die Jungs schon auf der Hinfahrt aus, bei wem sie wohl landen werden.

Der kleine Zeltplatz liegt mitten im Wald am Kölpinsee in der Nähe von Waren und das Ambiente verspricht deutlich mehr als die Begegnungen in abgelegenen Ecken des Schulhofes, bei denen man höchstens mal einem Mädchen die Hand unter den Pulli schiebt. Natürlich sind meine Aussichten auf Sex nicht sonderlich gut. Ich bin hier einer der Jüngsten – noch ganz „grün hinter den Ohren". Sexuell aufgeladene Schimpfwörter sind mir fremd. Bis dato schreibe ich süße Gedichte in rosafarbene

Poesie-Alben und den ersten Geschlechtsverkehr mit einer Frau würde ich mit Sicherheit nicht „einlochen" nennen.

Während die älteren Jungs für vier Stunden in den Wald zum Arbeiten geschickt werden, müssen die Neulinge mit den Mädels zur Erdbeerernte. Mein erstes „Date", wie sie in den West-Filmen immer sagen, ist jetzt sicherlich nur noch eine Frage der Zeit. Karsten und ich schlagen uns im schattenlosen Feld die Mägen voll und bewerfen uns gegenseitig mit den Früchten. Viel Geld werde ich hier nicht verdienen.

Nach dem Mittag gehe ich rot verklebt zu den Duschen hinter den Holzverschlägen in den Wald. Dort steht bereits die schwarzhaarige Jacqueline. Und sie ist nackt! Verschämt schaue ich zur Seite, entkleide mich hastig und stelle mich mit meiner blauen Badehose in die Dusche nebenan. „Hey Kleiner, hier duscht man aber nackig!", höre ich sie rufen. Mein Kopf wird so rot wie die Erdbeerflecken auf meinen Armen und Beinen. Umständlich lasse ich die Hose auf die Füße herunterrutschen. Noch immer wage ich keinen Blick auf das lachende Mädchen. ‚Ausgerechnet Jacqueline‘, denke ich geschockt. Sie ist schon 17 und scheint im Lager die Frau mit der größten Fresse zu sein.

Als ob ich es geahnt habe, redet sie einfach weiter: „Hey, haste schon mal gefickt?" – „Wie `n jetzt?", antworte ich irritiert. „Hast mich schon verstanden!" Schüchtern schaue ich hinüber auf ihre schneeweißen Brüste und das pechschwarze Dreieck zwischen den Beinen. Sie sieht aus wie gemalt und ich sage die unsterblichen Worte: „Nö. Noch nie."

„Und haste Bock?" Mein Herz beginnt zu rasen und das Gehirn verarbeitet ihre schlüpfrige Frage nur langsam. „Wir kennen uns doch gar nicht", stottere ich. Sie strahlt: „Na du bist ja 'n Süßer. Ich kann dir auch erstmal einen runterholen." Ich habe den Begriff noch nie gehört und weiß nicht, was sie damit meint. „Lieber nicht", flüstere ich kaum hörbar. Mit meinem Handtuch um die nackten Hüften laufe ich in Richtung des Sees und möchte augenblicklich Kopf voraus in diesem versinken.

Am Freitagabend bin ich heilfroh, dass sich Jacqueline bei der ersten Lagerdisco an Johnny heranschmeißt und bei ihm womöglich etwas runterholt. Als die Musik zu spielen beginnt, habe ich schon drei Bier intus, um möglichst kuhl zu wirken.

Auch mit Alkohol sind meine Erfahrungen noch immer begrenzt und so spüre ich ihn schnell. Bei der langsamen Runde nehme ich dennoch all meinen Mut zusammen und fordere Sandra zum Tanzen auf. Das niedliche Mädchen mit den schulterlangen braunen Haaren war mir schon im Zug aufgefallen. „Willste tanzen?", frage ich und schaue schüchtern in ihre grünen, langwimprigen Augen. „Nee, willse nich!", zischt es von nebenan. Die blonde Heike steht plötzlich vor mir. „Aber ick hätte Böcke." Sandra zuckt mit den Schultern, während mich Heike auf die Tanzfläche zieht. Langsam drehen wir uns um die eigene Achse. Sie schmiegt sich immer enger an mich und plötzlich spüre ich ihre kalten Finger in meiner Hose.

‚Okay, heute werde ich das durchziehen', mache ich mir Mut. „Willst du ficken?", hauche ich ihr ins Ohr. „Wie'n jetzte?", brüllt sie zurück. „Hast mich schon verstanden!" Sie grinst mir ins Gesicht: „Haste denn schon mal?" Ich schüttele verlegen den Kopf. „Na dann soll ick dir wohl entjungfan, oder wat?" Auch das verstehe ich nicht ganz, da man ja eigentlich nur Frauen entjungfern kann. „Na jut, meinetwegen. In zehn Minuten in deinem Zelt", sagt sie forsch und lässt mich perplex inmitten der Tanzenden stehen.

Sie erscheint pünktlich. Blitzschnell zieht sie ihre Klamotten aus und liegt plötzlich vollkommen nackt vor mir. „Na los – wat is?", fragt sie und spreizt ihre Beine dabei so, dass die kleine Taschenlampe ihr Poesiebuch-farbenes Inneres beleuchtet. Ich weiß nicht, was los ist. Auch ich bin nun entkleidet, doch obwohl ich sehr lange die aufgerichteten, dunklen Warzen ihrer Brüste betrachte, richtet sich bei mir gar nichts auf. Mir ist fürchterlich kalt, mich verwirrt der ungewohnte Geruch und ich habe keinerlei Ahnung, wie es jetzt weitergehen soll. „Kriegste keenen hoch oder wat?"

Sie lacht mir fies ins Gesicht. Diesmal verstehe ich, was sie meint. Es gibt offenbar ein gewisses Zusammenspiel von Hoch und Runter. Eilig zieht sie sich an und faucht: „Na du bist mir ja vielleicht 'ne Pfeife". Dann ist sie weg und ich möchte in aller Ruhe weinen.

Heike hat einen gewissen Status im Lager, nicht zuletzt wegen ihrer großen Berliner Klappe. Zwei Tage später bandelt sie zudem mit dem fiesesten Typen an. Bald weiß jeder über meinen

Patzer Bescheid. Einige Mädchen tuscheln, wenn sie mich sehen, und irgendein Arsch ruft mir „kleine Schwuchtel" hinterher.

Dabei hatte mir Jaqueline vor zwei Tagen mit einer – unter dem Feuerzeug erhitzten – Stopfnadel ein Loch für die silberne Kreole aus Warnemünde ins Ohr gestochen. In das linke wohlgemerkt, was ja eindeutig dafür spricht, dass ich hetero bin.

Während der nächsten Disco umzingeln mich drei Kerle unten am See. Dorthin war ich mit Sandra nur gegangen, um sie davon zu überzeugen, dass alle Unrecht haben und ich auf sie – also auf Mädchen – stehe.

Sofort merke ich, dass es die Jungs nicht auf Geplauder angelegt haben. „Jetzt kriegst du mal so richtig schön eins auf die Fresse, du schwule Sau!", zischt einer und schreitet auf mich zu. In diesem Moment kommt die Dorfjugend angeschlendert.

Beim Fußballmatch gegen die Jungs aus Schwenzin hatte ich durch Zufall erfahren, dass deren Kapitän exakt auf denselben Vor- und Nachnamen wie ich hört und ihn daraufhin angesprochen. Nach der Partie schworen wir uns abseits des Rasens mit Cola-Korn ewige Treue, bevor ich zurück ins Zeltlager getorkelt war.

Genau dieser neue „beste Freund" steht jetzt mit fünf baumstarken Dorfschlägern vor mir und fragt mit mecklenburgischem Akzent: „Wat'n los Lütter? Givt dat Stress?"

Das Blatt hat sich gewendet. Ich schaue in die verängstigten Gesichter meiner Peiniger, sage aber nichts. Auf dem Weg zurück ins Lager entschuldigen sich alle bei mir und laden mich auf ein Getränk meiner Wahl ein. An diesem Abend knutsche ich stundenlang mit Sandra, nicht nur, um allen zu zeigen, dass ich kein Homo bin. Ich hoffe es zumindest, denn noch immer habe ich ja nicht „eingelocht".

Sandra scheint mir dafür genau die Richtige zu sein. Sie ist in meinem Alter und hat viel Humor, was die Sache zu erleichtern scheint. Vor allem hat sie selbst noch nie mit einem Kerl geschlafen. In den letzten Tagen im Lager für Arbeit und Erholung verlieben wir uns ineinander.

Zurück in Berlin ergibt sich die perfekte Möglichkeit. Meine Eltern sind mit Benny und Oma Halle in den Urlaub nach Biesenthal gefahren. Ich hatte durchgeboxt, dass ich nur die zweite

Woche nachkommen muss. Sturmfreie Bude! Sofort lade ich Sandra ein, bei mir zu übernachten. Sie erfindet zu Hause eine „Freundin-Ausrede" und klingelt um 17 Uhr an der Wohnungstür. Wir albern herum, sagen uns oft, dass wir super aussehen, und auch, dass dies unsere Nacht werden wird. Alles läuft wie am Schnürchen. Während wir, auf der Wohnzimmercouch liegend, Musik hören und lauwarmen Rotkäppchen-Sekt trinken, ziehen wir uns langsam gegenseitig aus.

„Ich finde es schön, wie du mit deiner Hand meine Brust berührst", haucht sie mir ins Ohr. Ich lächele verlegen und denke: ‚Am liebsten würde ich heute nichts anderes machen' – einfach nur, um mir die Peinlichkeit eines weiteren Versagens beim „Minigolf" zu ersparen.

Nervös blicke ich an mir herab. Sandra scheint es zu bemerken. Zärtlich streichelt sie meinen rechten Oberschenkel und küsst mich dabei sanft. Das tut gut. Gemeinsam beobachten wir die beginnende Erektion. Erleichtert schaue ich in ihre türkis leuchtenden Augen und flüstere die magischen Worte: „Wollen wir?"

Plötzlich geht das Türschloss und nur Sekunden später steht meine Familie mitten im Wohnzimmer und betrachtet mit offenen Mündern die Szenerie. Unsere Klamotten liegen im ganzen Raum verstreut. Mutter staunt, Oma Halle kichert, Vater spannt und Benny grinst. Eine Ewigkeit vergeht, bis Vater endlich Erbarmen hat und uns die Sachen zuwirft. Sie waren soeben 50 Kilometer mit dem Trabi gefahren, nur, um zu Hause „nach dem Rechten" zu sehen – und haben mir wieder mal alles versaut.

Am nächsten Tag holt mich Sandra am Leninplatz ab. Schon von weitem winkt sie mir zu. Martin tritt neben mich. „Na das ist ja mal 'ne geile Braut! Und haste schon eingelocht?" Ich lasse ihn stehen und nehme mein Mädchen glücklich in die Arme.

Benny eiskalt

Am 24. März 1986 sitze ich mit den Jungs im Alfclub. Wir diskutieren noch immer über das Spiel des BFCs bei Lok Leipzig am Wochenende. Andi, der gerade im Mercedessessel hockt, kotzt sich über den Stumpf-Elfmeter in der 94. Minute aus, weil er der größte und einzige Union-Fan weit und breit ist. „Ein Spiel dauert immer 90 Minuten plus Bonzen-Biffzen-Nachspielzeit", meckert er.

Von den älteren Befies gäbe es dafür tierisch aufs Maul, doch wir winken nur ab, weil die Meisterschaft durch das späte Tor von Frank Pastor nun fast schon wieder entschieden ist, was selbst uns mittlerweile langweilt.

Plötzlich stürmen Henry und Daley zur Tür hinein. „Kinder haben hier gar nichts zu suchen", brüllt ausgerechnet Bommel, der einen halben Kopf kleiner als die beiden ist. Es sind Bennys beste Kumpels, die zwei Jahre jünger sind als wir. Daley wird in Anlehnung an Daley Thompson – den schwarzen Zehnkämpfer – so genannt, weil seine Haut kreideweiß wie ein nagelneues Pionierhemd ist. Doch auch der sonst so quirlige Henry hat gerade keine gesunde Gesichtsfarbe.

„Mark, deine Keule ist verschwunden!", ruft er mir aufgeregt zu. Es ist 19 Uhr und schon dunkel draußen, aber längst kein Grund zur Beunruhigung. „Wann habt ihr ihn denn das letzte Mal gesehen", antworte ich daher entspannt. „Also wir haben vorhin Verstecken gespielt und suchen ihn eigentlich schon seit sechs."

Augenblicklich wird mir gleichzeitig heiß und kalt. „Und wo?" „Also ich habe mit dem Kopf am Denkmal, ohne zu Schmulen, bis 100 gezählt und dann angefangen zu suchen. Nur Maik konnte abschlagen – alle anderen habe ich vorher gefunden. Außer Benny. Der ist irgendwie nicht wieder aufgetaucht, aber ich dachte, du kennst ja deine Keule, dass ..."

„Nun erzähl hier mal keine Romane, Piepel", unterbricht ihn Bergi. „Ihr wart also am Lenindenkmal? Und wo habt ihr schon überall gesucht?", fragt er, während ich genau diese Überlegung in Gedanken anstelle: ‚Wo könnte sich der neunmalkluge Scheißer versteckt haben?'

Ich liebe meinen Bruder. Wir verstehen uns trotz des Altersunterschiedes prächtig und oftmals staune ich darüber, welche Energie er darauf verwendet, mich in diversen Spielen zu schlagen. Versteckspielen – ohne auffindbar zu sein – hatte er mir auch schon einmal im Garten in Karow angetan. Letztendlich entdeckte ich ihn mit hämmerndem Herzen in einer Kiesgrube, aus der sein Arm plötzlich auftauchte, er aber allein nicht mehr herauskam. Ich wäre vor Sorge fast gestorben und ließ ihn zur Strafe bis zum Mittagessen darin hocken. „Marki, das kannst du doch nicht machen. Marki, ich hab Hunger", hörte ich ihn aus der Ferne mit tränenerstickter Stimme rufen. Doch Benny verpetzt nie jemanden und ist nicht nur deshalb bei all seinen Freunden hochgradig beliebt.

Auch meine Jungs mögen ihn und so schließen sich alle hilfsbereit dem Suchtrupp in Richtung Leninplatz an. Auf dem Weg rätseln wir weiter, auf welche Versteck-Idee er wohl gekommen sei, stellen aber bald ernüchtert fest, dass es dafür Hunderte gäbe – das Einzugsgebiet ist riesig. Bevor wir uns aufteilen, bitte ich dennoch um weitere Bedenkzeit, da ich ihn wahrscheinlich am besten kenne.

Ins Hochhaus hat er sich eher nicht verkrochen. Benny leidet, wie ich, unter Höhenangst und gerade die Treppenhausbalkone im 25-Stöcker wären der blanke Horror. Genau wie die Müllschlucker-Räume oder die regelmäßig steckenbleibenden Fahrstühle, wobei nach denen mal einer schauen könnte.

Parterre, im Café am Leninplatz, oder im Speiserestaurant Baikal hätten sie ihn auf dem Klo oder beim Naschen von Fleischresten in der Küche schon längst entdeckt und entfernt – fällt also auch aus!

Den S-Block und den U-Block (unsere Mutter nennt sie „Schlange" und „Bumerang", was außer ihr kein Mensch sagt) halte ich auch für unwahrscheinlich, weil sie vom Abschlagemal zu gut einsehbar sind.

An den Volkspark Friedrichshain mit seinen gruseligen Wäldern und Büschen voller Kinderschänder, die sich im Dunkeln dort herumtreiben sollen, will ich gar nicht erst denken. Ich könnte mir zwar vorstellen, dass er sich an den Köhlerhütten noch schnell eine verkohlte Bratwurst gekauft hat, aber spätestens nach zwanzig Minuten wäre er gut gesättigt wieder aufgetaucht.

Bliebe noch die Baugrube zwischen dem Grünen Block und der Lenin-Kaufhalle. Doch die ist laut Bommel seit letzter Woche verschwunden, obwohl ich ihn mit einem Ohr schon flehentlich „Marki" habe wimmern hören.

„Moment mal", brülle ich Henry plötzlich an. „Hat sich von euch schon mal einer in der Kaufhalle versteckt?" – „Ach du meine Nase. Benny hat heute irgendwas von den Kühltruhen da drinnen erzählt." Beim Gedanken daran wird mir augenblicklich wieder heiß, denn mir fällt ein, dass dieses Gerede schon am Sonntag begann.

Mutter erzählte, während gerade „Mach mit, mach's nach, mach's besser" mit Adi in seiner vom Puller ausgebeulten Trainingshose im Fernsehen lief, dass bei ihrer Ausbildung in Zwickau mal ein Lehrling ums Leben gekommen war. Er war beim Versteckspielen in einen alten Industrie-Kühlschrank geklettert und wurde dort erst nach sechs Stunden gefunden. „Der war natürlich längst erfroren, weil man einen Kühlschrank von innen nämlich nicht mehr aufbekommt!", erklärte sie oberlehrerhaft. Benny wollte das partout nicht glauben, doch unser Gerät in der Küche bot keine Gelegenheit, dies auszuprobieren. Benny, alias Paule Platsch (wie er zu Hause noch immer genannt wird), hätte dort nicht nur wegen der vielen Bierflaschen und der blauen Wurstschachtel einfach nicht hineingepasst. Außerdem war er leicht erkältet und hatte mal wieder den halben Tag ein Thermometer im Mund gehabt.

„Scheiße, hat die Koofi noch offen?", brülle ich in die Runde, obwohl ich ja wissen müsste, dass dies nach 19 Uhr nicht mehr der Fall sein wird. Um mich selbst zu beruhigen und nicht an den langsam einsetzenden Kältetod des geliebten Bruders zu denken, erzähle ich den anderen, dass er am Sonnabend erfahren hat (was allerdings auch wahr ist), dass es jetzt endlich auch „Benny-Eislöffel" gibt. Seit ich denken kann, sucht er, tief hineingebeugt in die Kühltruhen sämtlicher Kaufhallen, nach einem dieser Miniatur-Plastiklöffel mit seinem Namen. Alle Klassenkameraden schien es im Sortiment zu geben – nur seinen Namen eben nicht. Als er in Wismar dann auch noch zwischen Moskauer Waffeleis und Hexenküssen einen „Mark-Löffel" ans Licht beförderte, verstärkte sich die Manie.

„Und dann hat er beim Suchen die Zeit vergessen und wurde eingeschlossen", sagt Daley grinsend. Er ahnt ja nicht, dass meine Keule gerade in einer der Kühltruhen liegt wie in einem

Sarg, weil er sie von innen nicht mehr aufbekommt. „Schnauze, du Daumenlutscher", ruft Bommel, „sonst gibt's Keile." Mir ist noch immer arschwarm, obwohl wir nur kühle fünf Grad haben. Ich taumele zwischen Hoffnung und Verzweiflung und würde am liebsten bei der Möwe, die gerade auf Lenins rotem Kopf sitzt, eine Suchanzeige erstatten.

„Und wie kommen wir jetzt in die Koofi?", stellt Torte die einzig vernünftige Frage. „Sollen wir einbrechen?" Ich weiß, dass er das mit einem Dietrich wahrscheinlich hinbekommen würde, und falls nicht, würde Andi die brachiale Methode anwenden und eine Scheibe einschmeißen. Aber das ist auch nicht so der Bringer – nur eine Notlösung. Zur Volkspolizei in die Friedensstraße möchte ich nicht gehen, weil die uns kennen und das Ganze für einen üblen Scherz halten werden – während mein Bruder längst steifgefroren ist und der Herzschlag langsam aussetzt.

„Vielleicht gehen wir erst mal kieken", meint Torte, der heute wirklich durchdachte Ansätze hat. Ich renne über die Mollstraße hinüber zur riesigen Fensterfront der Kaufhalle. ‚Wie soll ich das meinen Eltern erklären, wie soll ich den Schmerz jemals überwinden?', denke ich und hämmere gegen das Glas. Nichts. „Benny!", brüllt Henry plötzlich vom anderen Ende. Er war schlauer gewesen und hatte in Höhe der Eisschränke an die Fenster geklopft. Atemlos erreiche ich ihn und sehe, dass Benny von innen an der Scheibe klebt. Sein Gesichtsausdruck wandelt sich gerade von extrem geschockt hin zu total erleichtert. Dann grinst er sein berühmtes Grinsen. Er zuckt mit den Schultern und deutet übermütig auf den Pappbecher mit Schokoladenimitat-Eis in seiner Hand. Darin befinden sich drei dieser winzigen Plastiklöffel.

Letztendlich fällt Andi ein, dass die Mutter von Uta als hochdekorierte Verkäuferin in der Leninkaufhalle arbeitet und für Havariefälle einen Schlüssel besitzt. Doch weder er noch einer der Jungs trauen sich zu fragen, weil Uta – seit Andi sie zugunsten von Daniela entsorgt hatte – nicht sehr gut auf uns zu sprechen ist. Schließlich überzeugen wir ausgerechnet Astrid zu klingeln. Sie ist in unseren Reihen als ausgesprochene Meisterdiebin bekannt. Allerdings klaut sie eher in der Büsching-Kaufhalle, weil es dort mehr Schnapssorten gibt und nur die nötigsten Lebensmittel.

Und Assi ist kuhl. Sie gibt Benny als ihren kleinen Bruder aus, erzählt aber sonst keine Fantasie-Geschichten, sondern dass er versehentlich eingeschlossen wurde und sie zu Hause nicht reinkommt, weil der Idiot die Wohnungsschlüssel hat.

Während des Aufschließens verstecken wir uns im Gebüsch. Benny kommt heraus, das Kinn schuldbewusst auf die Brust gelegt, und wir hören, wie Utas Mutter ihm hinterher ruft: „Du bist mir vielleicht ein Früchtchen." Bommel macht sich fast in die Hose. Als er bei uns ist, packe ich ihn mit beiden Händen an den eiskalten Ohren. Ich bin kurz davor, ihm einen Satz heiße zu verpassen. Er riecht nach vergorener Milch und feuchtem Meerschweinfell. „Für heute hast du mir echt genug Aufregung beschert, Paule Platsch!", sage ich. Meine Freunde grinsen.

„Marki, eigentlich wollte ich mich nur verstecken, aber dann fiel mir der Eislöffel ein. Ich habe alle Truhen von oben bis unten durchwühlt und weißt du, was ich gefunden habe: Bernd, Benjamin, Benno und dann war plötzlich abgeschlossen." Die Jungs feixen, weil er mal wieder fantasiert.

„Aber ich hab mir überlegt, im Werken aus dem Benno einen Benny zu schnitzen. Was meinst du?" Ohne groß zu überlegen, sage ich: „Das kannst du gerne machen. Aber versprich mir, dass du niemals probierst, ob ein Eisschrank auch von innen wieder aufgeht, okay Dicker?" Die anderen wundern sich zwar über meine Antwort, folgen uns aber – ohne nachzufragen – gut gelaunt in Richtung Alfclub.

Auf dem Weg flüstert mir mein Bruder ins Ohr: „Würde ich mich nie trauen, weißte doch. Aber zusammen können wir es doch mal testen, oder?", bevor er lachend Henry und Daley hinterher spurtet.

Bahnhofsmission

Andis großen Bruder Billy lerne ich im Oktober 1985 kennen. Nach einem 3 : 0 von Union gegen Wismut Aue torkelt er rotzbesoffen mit seinen Kumpels Rambow, Berti und Svensen in den Alfclub und verlautbart sofort: „Dreimal Sträßer. Jetzt werden wir alles zerlegen, bis wir Deutscher Meister sind!"
Nach dem Aufstieg letzte Saison in die Oberliga ist Union nach dem 9. Spieltag sensationell Fünfter, aber immer noch fünf Punkte hinter uns, und so wird das sowieso nicht weitergehen.
Bommel räuspert sich: „Der Sträßer war einfach zu schlecht für den BFC, den haben die abgegeben. Genau wie den Seier." –
„Wer bist du denn eigentlich, Zwerg Nase?", ruft Billy empört.
„Ach, das ist nur der Bommel", antwortet Andi besänftigend.
„Dir ist wohl als Kind zu oft die Bommel von der Mütze an den Hinterkopf geknallt", mischt sich dieser Svensen ein. „Der Sträßer ist ein Mann mit Herz. Einmal Unioner, immer Unioner. In jungen Jahren kann man sich ja mal verirren. Der ist freiwillig gekommen und wird noch Torschützenkönig, du weinroter Wicht!", ergänzt Billy.
Trotz seines Alkoholpegels macht er auf mich einen sympathischen Eindruck, da er seine Sätze lächelnd und keineswegs aggressiv vorträgt. Er ist ein Typ, der die Regeln einhält, wenn er sich aussuchen kann, welche er davon befolgen muss.
„Ein Schuss, ein Tor, Dynamo", kann ich beim mutigen Bommel von den Lippen ablesen und zwinkere ihm zu.

Uwe Billstedt lebt bei seinem Vater in Lichtenberg, während Andi bei seiner Mutter wohnt und mehr oder weniger der einzige Union-Fan in unserer Gegend ist. Billy ist schon in der Lehre beim VEB Kühlautomat und uns körperlich weit überlegen.
Doch nichts im Vergleich zu Rambow, der ein echtes Vieh ist. Dem schweigsamen Typen, der eigentlich nur etwas sagt, wenn er mit einer Sache nicht einverstanden ist, möchte man nicht in der Dunkelheit am Ostkreuz begegnen – und den anderen eigentlich auch nicht. Spaßvogel Berti hatte sich mit dem Satz: „Mein Name ist Berti Vogts und ich bin Alkoholiker", vorgestellt. Jedenfalls haben sie an diesem Oktobertag schnell die Oberhand im Club übernommen, saufen die Weinbrandreserven leer und erzählen legendäre Union-Geschichten.

Mein Berlin hat zwei ziemlich unterschiedliche Fußball-Mannschaften: den 1. FC Union und den BFC Dynamo. Ich wohne in Friedrichshain ganz in der Nähe des Leninplatzes und da ist es zu Union nach Köpenick fast genauso weit wie nach Magdeburg oder Halle. Der Friedrich-Ludwig-Jahn-Sportpark in Prenzlauer Berg hingegen ist fast um die Ecke – also wurde ich weinrotweiß Dynamo.

Ich war noch sehr klein und wusste nicht, welchen zweifelhaften Ruf mein Team in unserer Republik besaß. Wahrscheinlich haben mich Sprüche der Gästefans wie: „Ihr bekackten Mielke-Schweine-Bonzen!" in diesem Alter nur verwirrt. Es war eine Frage der sozialistischen Ideologie: BFC-Fan hieß, man war dafür, Unioner waren dagegen. Egal – ich hatte ein Team gefunden, das ständig gewann!

Ich kann mich noch gut an das Ergebnis meines ersten Spiels erinnern: 10 : 0 gegen die BSG Chemie Leipzig – es war die Saison 1979/1980. Was für ein Spiel, was für ein Ergebnis! Ich war zusammen mit Vater, Trulli und Bommel hingefahren. Das Stadion wirkte gigantisch auf uns Kinder, wenn auch ziemlich leer. Es lag in unmittelbarer Nähe der Mauer. Wir konnten auf die weißen Häuser von Westberlin schauen und die Westler konnten sicher die paar hundert Fans des BFC unter der Anzeigetafel jubeln und singen hören. Wir standen in der Kurve genau gegenüber der Tafel und durften durch die Reihen rennen, über die Holzbänke springen, den Gang hinunterwetzen und am Zaun hochklettern. Es waren kaum Leute in diesem Block und wir die einzigen Kinder.

Trotz der eher lausigen Stimmung: Das magische Spieler-Dreieck mit Troppa, Trieloff und Terletzki zog mich ab jetzt alle 14 Tage in die Cantianstraße.

Am Ende dieser Saison feierten „wir" unseren zweiten Meistertitel in der Oberliga – mein persönlich erster als Fußballfan. Ich hatte die richtige Wahl getroffen. Während Union in seiner Alten Försterei meistens gegen den Abstieg spielte oder sogar in der 2. Liga herumgurkte, feierte ich einen Erfolg nach dem anderen.

Mit Billy, der angeblich am 9. Juni 1968 (dem Tag des einzigen FDGB-Pokalsiegs des 1. FCU) zur Welt gekommen ist, und den anderen lerne ich erstmals mehrere Jungs aus dem Wald kennen. Sie sind okay, aber eben auch total asozial.

„Wir holen den FDGB-Pokal und wir scheißen auf den Meister", singen sie heute ununterbrochen, nur weil sie es in dieser Saison bis in Achtelfinale geschafft haben. Gegen solche Größen wie die BSG Motor Eberswalde und Rotation Berlin. Nun wartet der 1. FC Magdeburg. „Herr Genosse Billstedt, großes Kristallwodka-Lager entdeckt!", ruft Berti. ‚Was für kranke Patienten', denke ich während Billy: „Zugriff!" brüllt und schon das Knacken des ersten Schraubverschlusses zu hören ist.

Der 1. FCM wird im November von Union zu Hause mit 4 : 1 weggehauen (dann 2 : 2 auswärts) und auch gegen die BSG Motor Nordhausen kommen sie im Viertelfinale (3 : 0 im Hin- und 1 : 2 im Rückspiel) weiter. Andi ist Feuer und Flamme und schleppt Billy, Berti, Svensen und Rambow nun öfter mal mit. Dadurch erfahren wir, wann und wo sie sich mit wem gekloppt hatten (und aus ihrer Sicht fast immer gewannen), aber auch, dass der riesige Brummbär Rambow einmal auswärts in Unterzahl von Lok-Schweinen in einen Müllcontainer geworfen und einen Hang hinunter gerollt worden war. Beim Aussteigen aus dem umgekippten Ding soll er: „Hier regiert der FCU!" gebrüllt haben, obwohl er im Alfclub fast nie ein Wort sagt.

Irgendwie schaffen sie es, mich anzufixen, denn für das Halbfinale gegen Dresden am 30. April 1986 lasse ich mir über Andi eine Karte besorgen, um erstmals an die Alte Försterei nach Köpenick zu fahren. Am Vortag gehe ich noch zum BFC, der sein Halbfinale halbwegs souverän mit 4 : 2 gegen Lok Leipzig gewinnt.

Meine einzig spannenden Oberligaduelle waren die gegen Dynamo Dresden. Doch auch da konnte wenig schief gehen, denn der BFC hatte neben seiner spielerischen Klasse fast immer auch die Schiedsrichter auf seiner Seite. Irgendwann war ich alt genug, um zu verstehen, warum uns die ganze Republik hasste. Besonders die Dresdner verabscheuten Berlin und den BFC zutiefst. Es reisten oft Tausende von Schwarz-Gelben mit, wenn ihr Club in der Hauptstadt spielte.

Bei meinem ersten Heimspiel gegen die Sachsen wusste ich noch nichts von der besonderen Brisanz, die das Duell für beide Seiten hatte. Mit meinem weinrot-weißen Schal fuhr ich, wie immer ziemlich früh, mit Trulli und Bommel mit der U-Bahn vom

Bahnhof Alex zur Dimitroffstraße und ging dann in Richtung Stadion.

An der nächsten Ecke standen plötzlich 20 hasserfüllte erwachsene Männer mit schwarz-gelber Kriegsbemalung. Sofort begannen sie, uns zu schubsen und zu bespucken. Ich hielt meinen Schal panisch mit beiden Händen fest. Nach kurzer Zeit rief einer der Typen: „Schluss jetzt, Lunge!" Er erklärte uns mit sächsischem Akzent, dass wir das Spiel heute leider nicht sehen würden, und führte uns mit seinem Trupp zurück zur U-Bahn-Station. Dort warteten sie am Gleis sogar auf den einfahrenden Zug und darauf, dass wir in Richtung Alex zurückfuhren. „Hier regiert die SGD!", schallte es uns hinterher. An jenem Tag verfolgten wir unser Heimspiel nervös am Radio, rannten aber nach dem 1:0 jubelnd durch die Straßen des Neubauviertels und brüllten: „Hier regiert der BFC!"

Bei Spielen gegen Dynamo Dresden habe ich danach meinen Schal immer tief unter der Jacke vergraben und erst wieder angelegt, wenn ich im sichereren Block, bei den Jungs wie Berser, Schuft und Vegas, angelangt war. Dort schrie auch ich dann voller Inbrunst in Richtung der hässlichen Sachsen: „Wir ham Bananen und ihr nicht!" – und viele andere Gemeinheiten.

Auf dem Weg vom S-Bahnhof Köpenick zum Union-Stadion begegnen wir vielen Polizisten, aber keinem einzigen Dresdner. Zudem sind viel mehr Fans, als ich es gewohnt bin, unterwegs. Ein paar Piepel in unserem Alter singen: „Wir sind Berliner Jungen und bilden uns was ein, es kann nicht jedes Arschloch ein Groß-Berliner sein." ‚Der Spruch könnte auch von uns sein', denke ich. Wahrscheinlich ist es einfach nur Zufall, zu welchem Verein man von seinem Vater erstmals mitgeschleppt wird und dem man danach die Treue hält.

Die Alte Försterei ist knüppeldick mit 20.000 heißblütigen Menschen gefüllt. Es riecht nach filterlosen Caro-Zigaretten, verkohlten Rostbratwürsten, fauligem Holz, nach Bier, Pisse, Modder und Schweiß. Die Aufgänge sind vollgestopft mit langhaarigen Peacern in Shellparkas oder schwarzen Thälmannjoppen und Kunden in echten Jeansjacken mit Union- und Hertha-Aufnähern. Viele tragen zwei Meter lange rot-weiße Schals um den Hals oder schwenken selbst gebastelte Fahnen.

Mit entschlossenem Gesichtsausdruck betreten sie ihr Stadion und warten auf den Anpfiff. Als ich unsere Tribüne – mit den porösen Betontreppen, Wellenbrechern und dem hohem Stahlzaun vor dem Spielfeld – erreicht habe, schnellt eine Faust von rechts in Richtung meines Kinns. In dieser Faust steckt ein goldfarben-leuchtendes Bier und Svensen brüllt: „Na Befie, willst wohl mal ehrlichen Fußball sehen?"

Ich schaue mich um und stelle beruhigt fest, dass den Satz nur Billy, Rambow und Berti gehört haben, die nichts gegen mich haben und denen die „Unaussprechlichen" heute am Arsch vorbei gehen. Auch weil sie amtlich vorgeglüht haben.

Andi passt heute auf mich auf und ruft: „Ey Scheppi. Hipp, hopp, rinn in' Kopp." Auf der Gegengerade singen sie Union-Lieder oder schreien einfach nur: „Eisern Union!" Mutter, Vater, Kind und auch die alten Suffnasen. Das Spiel beginnt.

Die Stimmung im maroden, nicht überdachten Stadion kocht sofort über und auch die schwarz-gelb gekleideten Dresden-Fans melden sich nun zu Wort. Sofort stimmen die Unioner ein Lied an: „Ihr seid Sachsen, asoziale Sachsen, ihr schlaft unter Brücken, oder in der Bahnhofsmission."

Ich bin hier umgeben von Pennern mit Kämmen in der Arschtasche, graugesichtigen Rauchern, die braune Auswürfe in die Gegend aulen und proletarischen Schwerst-Alkoholikern mit Schnauzbärten – und frage mich, wo die wohl alle die Nacht verbracht haben. Auch ein paar Glatzköpfe mit bösem Blick und drei Punker befinden sich ganz in meiner Nähe – aber eben auch „normale" Jungs, wie Billy und sein Trupp. Die bunte Meute scheint eine bedingungslose Fußballleidenschaft zu einen.

Billy fragt mich nach 20 Minuten: „Mark, wenn wir jemals gegen Borussia Dortmund spielen, kommst du dann mit?" Ich nicke hastig, weil ich längst weiß, dass dies sein Lieblingsverein im Westen ist, aber auch, dass es niemals dazu kommen wird.

Dann fällt das 0 : 1 durch Minge und in der zweiten Halbzeit das 0 : 2 durch Kirsten.

Was den Unioner, im Angesicht des Ausscheidens aus dem FDGB-Pokal, vom BFCer unterscheidet, ist die Tatsache, dass viele nun: „Siehste, Schiebung!", seufzen. Nur Billy kreischt eisern: „Dann gewinnen wir eben hoch bei den Scheiß Sachsen". Zumindest gelingt Sträßer noch der Ehrentreffer, aber mit einem 1 : 2 ist im Rückspiel nichts mehr zu reißen.

Nach dem Abpfiff verliere ich im Chaos die Jungs aus den Augen, lerne aber Toni kennen – eine blonde Traumfrau in rotweiß. Auch sie hat ihre Leute verloren und begleitet mich quatschend zur S-Bahn. Auf dem Bahnsteig nimmt sie mich in den Arm, zieht meinen Kopf zu sich heran und küsst mich mit ganz viel Zunge. Ich habe ihr meine Herkunft nicht verraten. Erstes Unionspiel. Erste Unionerin. Gefühle.

Am Mittwoch, den 7. Mai 1986, gebe ich den gefälschten Entschuldigungszettel von Andi bei Lehrer Blase ab. Das schier aussichtslose Rückspiel bei der SG Dynamo Dresden steht an und da muss er natürlich dabei sein.

Was soll ich berichten? Ich muss mir ab Donnerstag – wahrscheinlich bis an mein Lebensende – die legendären Geschichten anhören: von der krassen Zugfahrt mit 2.000 Berlinern; dem Backenfutter für die Trapos; dem heldenhaften Marsch zum Stadion, den der FCU regiert hat; dem unerwartet leeren Rudolf-Harbig-Stadion mit lediglich 12.000 Zuschauern, weil den Sachsen bereits klar war, dass sie im Finale stehen; dem gehaltenen Elfer von Potti Matthies nach nur fünf Minuten; dem 2 : 1 für Dynamo zur Halbzeit (durch Döschner, Sammer und ein Eigentor von Dörner); dem aussichtslosen 3 : 1 für die schwarz-gelbe Pest (wieder Döschner). Der unfassbaren Aufholjagd mit Toren von Sträßer, Probst und dem 3 : 4 von dem dadurch unsterblich gewordenen René Unglaube; dem Pfosten- und Lattenknaller durch Dresden in den letzten Minuten; dem ungläubigen Staunen über den Abpfiff durch Schiri Prokop. Und von der alkoholkomatösen Rückreise (mit Billy, der zunächst aufs Gleis fällt und sich dabei fast das Bein bricht, dann aber im Zug im Gepäcknetz liegend weiterfeiert), in der Gewissheit, dass auch die verhassten Bffzen gegen Lok Leipzig durch ein 1 : 3 ausgeschieden waren. All das werde ich niemals vergessen.

Am 30. Mai 1986 schließe ich den Alfclub um 21 Uhr für die Unioner auf. Diesmal sind mit Haue und Lehmi noch zwei weitere Freaks mit dabei. Morgen spielt ihr Team seit 1968 erstmals wieder im FDGB-Pokalfinale – diesmal im „Stadion der Weltjugend". Ein Jahrhundert-Ereignis für alle Eisernen.

Besonders Billy haut sich in seiner Euphorie so dermaßen einen rein, dass er mich gegen 2 Uhr fragt (ich kann sein Geseiere kaum noch verstehen), wo er pennen kann. Er legt sich mit einer Decke auf die breiten Heizungsrohre, die etwa zwei Meter über dem Boden aus der Wand kommen. Sein letzter artikulierter Wille ist: „3,0 Promille!" Seine Jungs brüllen derweil diesen „Sachsen-in-der-Bahnhofsmission-Song". Die wollen ja auch hier nächtigen und ich denke kurz darüber nach, wie sich das Lied wohl mit „Unionern-in-der-Alfclub-Mission" anhören würde. Dann spielen sie weiter Skat. „18, 20, Zwo, Null." Genau in diesem Moment kracht Billy lautstark mit der Fresse direkt auf die Tischkante. Haue lacht sich schlapp und ruft „Eisern Union!", doch sein Freund bleibt bewusstlos auf der mit Kippen übersäten Auslegware liegen. Ich renne nach oben und rufe einen Krankenwagen.

Den Rest kenne ich nur vom Hörensagen: Nachdem Billy auf Höhe des Leninplatzes aus dem Koma erwacht ist, hatte er an einer Ampel den weißen Barkas mit den roten Streifen von innen geöffnet, war hinausgesprungen, weggerannt und schlief dann im Volkspark Friedrichshain bei Nieselregen und kühlen Temperaturen seinen Rausch aus. Mit noch immer 3/8 im Turm, einem auf Medizinball-Größe angeschwollenen Gesicht und verknackstem Fuß humpelte er gegen 14 Uhr zum Stadion in Mitte, genehmigte sich ein paar Pils und etliche Rachenputzer, bevor er sich in den Reihen seiner ihn hochziehenden Jungs („Quasimodo von Köpenick") die so heiß ersehnte Partie anschaute.

Ich sitze mit meinem Vater, wie bei jedem Pokalfinale hat er Karten über Vitamin B abgestaubt, auf der Tribüne und versuche in den rot-weißen Scharen Billy zu entdecken. Ich mache mir echt Sorgen um den Kerl und ringe mir insgeheim das Versprechen ab, ihn nach Dortmund zu begleiten (und wieder zurück), falls es jemals dazu kommen sollte. ‚Zusammen mit Toni', ist mein zweiter Gedanke.

Im Westfalenstadion werden sie dann sicherlich gewinnen, denn heute gibt es eine knappe Niederlage (1 : 5) gegen Lokomotive Leipzig.

Genosse Gehorsam

Ein Wort, welches unsere Stabi-Lehrerin Frisch ständig benutzt, ist das antiquierte „gehorsam". Kaum eine Stunde vergeht, wo wir nicht angehalten werden, endlich – verdammt nochmal – gehorsam zu sein. Torsten nennen meine Freunde seit einiger Zeit „Genosse Gehorsam". Das trifft es allerdings nicht. Oft beobachte ich aus den Augenwinkeln, wie er auf dem Hof schüchtern in die Reihen der entscheidenden Leute schaut und sich augenscheinlich wünscht, derjenige zu sein, der den nächsten Brüller raushaut. Bei ihm zu Hause herrscht nämlich Zucht und Ordnung. Im Prinzip hat er dauerhaften Stubenarrest. Niemals darf er abends noch runter, stets wird er durch den grellen Pfiff seines Arschloch-Vaters um 18 Uhr nach oben zitiert. Selbst sein Schatten ist dann innerhalb weniger Sekunden im Hauseingang verschwunden. Manchmal frage ich mich, wie viele Tage er schon unglücklich in seinem Zimmer herumlungern musste.

In der großen Mittagspause am 12. Juni 1986 stehen wir in der Raucherecke. Tessi bietet mir lässig eine Kippe an. Wie gewohnt, hat er seine Cabinet-Zigaretten in eine Camel-Schachtel umgefüllt und wieder einmal wundere ich mich, dass die gelbe Schachtel noch immer wie neu aussieht. Warum tut er eigentlich vor uns so, als ob er Westzigaretten rauchen würde? Das ist doch albern. Wir stellen uns zu Andi, Bergi und Bommel, paffen gemeinsam dicke Rauchschwaden in die Luft und schauen hinüber zu Lars. Der steht allein, etwa zehn Meter entfernt, am Zaun und kaut mürrisch auf einer mitgebrachten Stulle herum.

Nein, er ist kein besonders großer Streber (ich habe bessere Noten), ist weder zu dick noch zu klein (Tessi ist eine Tonne und Bommel ein Zwerg), aber Lars hat sich vor drei Wochen für 25 Jahre bei der Nationalen Volksarmee verpflichtet. Das kann und will selbst in unserer Vorzeigeschule niemand verstehen. Bei uns darf man sich Einiges leisten, ohne dafür Prügel oder Häme von der Clique zu beziehen, doch 25 Jahre NVA gelten auch hier als größtmögliche Arschkriecherleistung. Wir reagieren darauf so, wie es Schüler in unserem Alter nun mal tun: Niemand von uns will irgendwas mit ihm zu tun haben.

Tessi deutet mit Kippe in der Hand zu ihm hinüber und pöbelt: „Jetzt wird der Idiot sicher auch noch Gruppenführer im GST-Lager." Plötzlich hören wir ein lautes „Platsch!" und beobachten, wie Lars erschreckt zusammenzuckt und sich dabei fast an seiner Stulle verschluckt. Aus etwa zehn Metern Höhe hat ihm eine dort oben grölende Möwe direkt auf den Kopf gekackt. Es ist das Bild des Jahres 1986. Bommel liegt heulend vor Lachen auf dem Boden und brüllt immer wieder: „Ich kann nicht mehr, ich kann nicht mehr!", während Lars wie angewurzelt dasteht und wahrscheinlich gerade spürt, wie sich der grünlichgraue Möwenschiss verflüssigt und über seinen Hals auf die Schultern des Nikis hinunter tröpfelt. Dicke Tränen kullern ihm über die Wangen.

In der Raucherecke gibt es kein Halten mehr. Ich bilde mir ein, dass wir noch nie so herzhaft gelacht haben. Mit feuchten Augen biete ich Tessi eine Cabinet aus meiner Cabinet-Schachtel an. Plötzlich kommt Torsten angelaufen und fragt trocken: „War das vielleicht eine Lachmöwe?" Bommel, der das hört, bekommt seinen nächsten Anfall und steckt uns alle von neuem an. Heulend zieht Lars von dannen.

Der restliche Schultag ist nicht so spektakulär – bis auf die letzte Stunde. Tessi hatte im Schlafzimmer seines Alten in einem Geheimversteck etwas Ungeheuerliches entdeckt und es in Physik heimlich herumgereicht. Beim Blick auf – und in – das erste weibliche Geschlechtsorgan meines Lebens in Farbe und Großaufnahme muss ich fast kotzen. Bommel lässt die Sache beinahe auffliegen, weil er beim Blättern in den glänzenden Seiten zunächst dunkelrot anläuft, dann aber laut und mit Piepsstimme brüllt: „Was für eine riesige Muschi", bevor ihm wie immer die Freudentränen über die Wangen kullern.

Dem westlichen Druckerzeugnis will ich mich nach Unterrichtsschluss noch etwas intensiver widmen. Viele Bilder, wenig Text – das kenne ich bisher nur aus Mosaik-Heften, und eine Frau in dem Hochglanzmagazin sieht aus wie Andis Mutter.

Tessi ist verschwunden, doch über Dirk, der immer weiß, wo sich gerade jemand aufhält, habe ich schnell sein Versteck ausgehorcht. Er liegt mit Bergi und Bommel in einer der Betonröhren auf dem Spielplatz und blättert sich durch Seiten voller Ekelkram. Ich krieche hocherfreut dazu.

Mit gedrücktem Knopf der weinroten Narva-Stabtaschenlampe starren wir auf die versauten Bilderrätsel. Plötzlich steht Torsten am Ende der kreisrunden Öffnung. „Was will denn

Genosse Gehorsam hier?", ruft Bommel im Funzellicht, während Tessi hektisch das Heft in seinem Koffer verstaut und aus der Röhre robbt. Wir treten ins Freie. „Kommt, lasst uns klauen gehen", murmelt Bergi konsterniert.

„Darf ich mitkommen?" Alle Blicke sind plötzlich auf Torsten gerichtet. „Aber wenn du bei Mutti petzt, kriegst du auf die Fresse", keift Bommel, da er noch nie bei einem dieser Raubzüge in der Kaufhalle dabei gewesen ist. Torsten ist der Sohn eines ständig in einem kackbraunen ASV-Trainingsanzug herumlaufenden, strengen NVA-Offiziers und einer äußerst ängstlichen Mutter.

Gemeinsam laufen wir zum Selbstbedienungsladen an der Büschingstraße und treffen Astrid davor, die sich uns anschließt. Gekonnt sackt Bommel eine Flasche Kirsch-Whisky im Turnbeutel ein, Assi lässt eine Pulle Pfeffi unter ihrem weiten Pullover verschwinden und mein Aktenkoffer wird mit KaLi (Kaffee-Likör) gefüllt, bevor wir zu dritt, unschuldig schauend, jeder eine Stange Zitronen-Bonbons von Zitro an der Kasse kaufen. Bergi und Tessi stehen Schmiere.

Nur Torsten ist weg. Bis wir ihn mit einem vollbeladenen Einkaufswagen rechts neben den Kassen vorbeimarschieren sehen. Wie selbstverständlich holt er zwei Dederon-Beutel aus seinem Ranzen, packt eiskalt etliche Schnaps-, Likör- und sogar Bierflaschen hinein und marschiert damit dann seelenruhig zum Ausgang.

Wir bekommen den Mund fast nicht zu. „Na du bist ja ein kuhler Kunde!", ruft ihm Bommel auf dem Heimweg durchaus anerkennend zu. „Und jetzt mit Fassbrause die Birne wegschießen?", frage ich. Allen ist klar, dass wir die Wahnsinns-Tat – Torsten hat sogar eine schwer zu klauende Falkner-Whisky Pulle eingesackt – im Alfclub mit Hochprozentigem begießen müssen.

Doch Tessi verabschiedet sich recht bald (inklusive seines Heftes), Assi folgt wenig später und so brechen auch wir nach nur einem Glas auf. Bergi fragt mich: „Noch schnell ein Telefonstreich bei dir?" – „Och ja, bitte Scheppi", stimmt Bommel aufgeregt zu, nicht nur, weil seine Alten kein Telefon besitzen. Ich habe nichts dagegen und auch Torsten folgt uns wortlos in den Aufzug. Oben liegt Benny bäuchlings auf der Couch, fummelt an seinem roten Tresor aus Plaste wie Egon Olsen herum und schaut nebenbei die Schlümpfe in der ARD. Andi klingelt an der

Tür. Mit ihm sind wir nun fast wieder vollzählig.

Alles begann vor einigen Monaten ganz harmlos. Ich hatte mir aus Langeweile das Telefonbuch geschnappt und ein bisschen darin geblättert. Beim Buchstaben „W" war mir ein Witz meines Vaters eingefallen. Ich rief bei einer Frau Werk an und fragte: „Kann ich mal bitte ihre Tochter Claire sprechen?" – „Wen?", brüllte mich eine Frau an. „Na ihre Tochter Klärwerk!" So richtig zündete das noch nicht und erst als ich bei Frau Grube nochmals die Nummer brachte, kugelte sich Bommel vor Lachen mit meinem Bruder auf der Auslegeware. „Klärgrube, ich dreh durch!"

Plötzlich hatten alle Feuer gefangen. Andi schnappte sich sofort den Schinken, ließ die Wählscheibe sieben Mal rotieren und sagte mit tiefer Stimme: „Hier ist Karl Schäffner. Wollen Sie nächste Saison bei uns spielen?" Wir verstanden die Antwort nicht. „Das ist mein reiner Ernst!", brüllte er in den Hörer, schmiss ihn auf die Gabel und klopfte sich auf die Schenkel. Doch so machte das keinen Spaß. Er hatte sich als Union-Trainer ausgegeben und bei einem Rainer Ernst angerufen, was an sich lustig war. Aber nur für Fußballfans und vielleicht, wenn er uns vorher aufgeklärt hätte. Die Regeln wurden geändert. Den Nachnamen musste man nun vorher sagen. So kamen immerhin noch ein Mark Stück, eine Martha Pahl und ein Karsten Bier zustande, was ausreichte, um auch die nicht anwesenden Jungs der Clique eine Woche lang zu belustigen.

Danach gingen meine Freunde, denen unser Lehrer, Herr Schönlein, stets jegliche Kreativität abgesprochen hatte, derart in sich, dass fantastische Telefonstreiche geboren wurden. Bergi fragte eine Frau Stäbe nach Gitta, Tessi suchte seine Cousine Anna Nass, Billy wollte Onkel Bill Iger sprechen und Andi einer Frau Anne Gurgel gehen. Das alles fetzte erst richtig ein, wenn Bommel und mein Brüderlein dabei waren, denn die lachten mit einer derart kindlichen Naivität oftmals minutenlang. Bei Bommels Anruf auf der Suche nach Hack Fresse quietschte jedoch nur Benny vor Vergnügen, da Hack ja gar kein Vorname war und er zudem bei einem Herrn Fräse angerufen hatte. Ein typischer Kugelwitz. Keine Ecke zum Lachen.

Als Bergi noch einen Herrn Smaul im Buch entdeckte und fragte: „Bin ich da richtig bei Christoph Smaul?", musste ich alle bremsen, bevor noch unser angesoffener Nachbar Voss erschien und fragte, was wir hier eigentlich treiben. Als dann der Wäschemann von Rewatex unten klingelte, beendete ich die Veranstaltung.

Auch am heutigen Tag ist es witzig. Als ob uns noch allen Tessis Heft im Kopf herumschwirrt, verlangt Bommel nach einer Frau Rosa Schlüpfer, Andi nach Rose Tee (wobei er Rosette danach erklären muss), ich suche einen Bruce Twarze und Bergi murmelt sautrocken in den Hörer: „Spreche ich mit Herrn Harten? Ich bin ein Klassenkamerad von ihrem Sohn Christian". „Von wem?" – „Kriegst ja 'n Harten!" Der zieht und auch mein Christian bei Frau Steifen ist noch ein Brüller. Nur Torsten verzieht keine Miene.

Okay, er ist nicht eingeweiht und so schnell fällt einem da auch nichts Neues ein.

Plötzlich ruft er: „Hat mal jemand die Nummer von Assi?" Ich bin ein wenig perplex, reiche ihm aber mein kleines Notizbuch. ‚Welcher Vorname soll denn auf Homberg passen?', frage ich mich. Er schnappt sich das graue Telefon und bedient elegant die Wählscheibe. 4373250 – die „0" dreht sich dabei besonders lang – bevor das erste Freizeichen ertönt. Alle sind mucksmäuschenstill. „Ja bitte?"

„Spreche ich mit Astrid Homberg?", sagt er mit der tiefsten Stimme, die ich jemals von einem Jungen meines Alters gehört habe. „Ja, wieso?" „Hier spricht Klaus Flade aus der Konsum-Kaufhalle an der Büschingstraße. Sie wurden soeben angezeigt, heute um 15 Uhr einen Ladendiebstahl begannen zu haben. Kommen Sie umgehend mit ihrem Personalausweis und einem Besen bei uns vorbei! Ich erwarte sie vor dem Eingang!"

Wir hören die Antwort nicht. „Umgehend, sagte ich, oder es erwarten Sie ernsthafte Konsequenzen!" Torsten legt auf. Wir sind baff, doch Bergi bricht das Schweigen: „Hut ab, Genosse Gehorsam!" All meine Freunde beginnen zu lachen und rennen zum Kinderzimmerfenster. Wir lehnen uns aufs Fensterbrett, um zu schauen, ob Assi aus dem Nachbareingang marschiert. „Was ist denn mit dir heute los?", frage ich Torsten. Langsam wird es mir unheimlich, was aus dem braven Muttersöhnchen innerhalb eines Tages geworden ist. Nach kurzer Pause brummt er: „Ach weißte, Scheppi, ich habe drei Tage sturmfrei, weil meine Oma gestorben ist. Heute wollte ich auch mal ein bisschen Spaß haben."

Noch bevor ich darüber nachdenken kann, schreit Bommel, der mit dem Kopf gerade so über den Fenstersims reicht: „Das gibt's doch gar nicht!" Astrid verlässt tatsächlich mit einem Besen in der Hand das Haus – und wer hechelt hinterher? Richtig, Tessi. „Die Schweine haben sich zusammen das Pornoheft angeglotzt!", brüllt Andi. „Was für ein Heft?", piepst mein Bruder. „Ach so ein Pittiplatsch- und Schnatterinchen-Heft." Wir grinsen über Bergis Witz und rennen zur Tür. Torsten fragt mich nach unserem Besen und spurtet mit diesem die Treppe hinunter. Er ist vor dem Fahrstuhl unten und draußen sehen wir, dass er die Abkürzung durch den Rosengarten in Richtung Kaufhalle nimmt. Jetzt müssen auch wir uns sputen, wenn wir sehen wollen, was dort geschieht.

Doch wir kommen zu spät. Vor dem Eingang fegt Assi bereits eifrig. „Was machst du denn hier?", fragt Bommel. Er sieht aus, als ob er sich gleich vor Lachen in seine abgeschnittene Boxerjeans pisst. „Na irgend so ein Schwein hat uns verpfiffen und jetzt müssen wir die Scheiße hier machen. Der da", sie deutet auf Torsten „war schon vor mir da und hat gesagt, dass ich auch fegen soll". Astrid läuft puterrot an. Wir auch, aber nicht aus Scham, sondern aus purer Freude über den besten Streich des Jahres. Bommel quiekt: „Ich kann nicht mehr", während Astrid: „Ihr geht mir echt auf die Klöten", schnauzt, obwohl ihr dafür leider die Voraussetzungen fehlen, was Bergi ihr sicherlich gleich mitteilen wird.

Bommel biegt sich derweil noch immer vor Freude, sodass Assi schließlich gegen ihren Willen auch grinsen muss. In diesem Moment kommt der echte Kaufhallen-Leiter Flade in einem versifften Dedoron-Kittel herausgestürmt und brüllt: „Was ist hier los? Verpisst euch, ihr Penner!"

Wir zischen ab und Tessi murmelt: „Der Typ heißt bestimmt Sigmund Jähn." „Warum?" frage ich, obwohl ich den Witz schon kenne. „Er kennt sich mit leeren Räumen aus." Bommel quiekt dennoch wie ein Viertklässler.

Auf dem Rückweg entschuldigt sich Torsten bei Astrid und sagt dann: „Ey Assi, du hast ja Sperma aufm Pulli." Sie blickt geschockt an sich hinunter. Er schnippt ihr mit dem Finger unter die Nase und ruft: „Reingefallen!"

Am nächsten Tag wird Torsten in unsere Clique aufgenommen. Um 18 Uhr schließe ich den Alfclub auf und wenig später verlagern wir die Veranstaltung – inklusive einiger Mädchen – in Torstens Wohnung. Es entwickelt sich eine legendäre Party, von der ich nichts berichten darf, da wir uns das mit Indianer- und Pionierehrenwort geschworen haben. Was ich jedoch verraten kann: An jenem Abend, der in Chaos und kindlichen Sex-Experimenten endete, verlor Torsten seinen Spitznamen (und beinahe seine Unschuld). Genosse Gehorsam wurde unser Freund Torte.

Ungarische Würste

Am 1. August 1986 gehen wir anlässlich meines 15. Geburtstags zum Essen in den Palast der Republik. Während sich Benny nach stundenlangem Studium der Karte wie üblich fürs „Steak-au-four" mit Pommes Frites entscheidet, trinke ich mit Vater bereits meine zweite Tulpe Wernesgrüner. Seit der Jugendweihe bestellt er Bier für mich mit. Ein Statement – das muss man ihm lassen. Mutter hat sich für Rosenthaler Kadarka und Gulasch entschieden, was sie daran erinnert, als junge Frau – also vor sehr vielen Jahren – mal in Ungarn gewesen zu sein. Mein Alter ruft: „Da wolltest du doch auch schon immer mal hin, oder?" Was für eine Frage: Ungarn hat im Gegensatz zu allen anderen Bruderstaaten eine magische Anziehungskraft, denn dort kann man die Dinge aus dem Werbefernsehen nicht nur anstarren, sondern auch kaufen. Levi's-Jeans, Camel-Zigaretten, Nike-Turnschuhe, Walkman, Ghettoblaster, Schallplatten, Bravos, Sticker und Glitzersteine – einfach alles, was das Herz begehrt.

„Logo", antworte ich gelangweilt, da ich ihm schon oft erklärt hatte, dass ich es nicht gerade witzig finde, erst in drei Ländern gewesen zu sein: DDR, ČSSR und in Polen nur, weil Benny und ich unerlaubt zwanzig Meter auf der Schneekoppe über die Grenze geflitzt waren. „Okay, nächste Woche geht's los. Wir fahren für ein paar Tage nach Budapest." Der Satz trifft mich wie ein Schlag in die Magengrube und Benny verschluckt sich an der Club Cola. „Echt jetzt?", brüllen wir im Chor – doch an Mutters seligem Grinsen hinter der Gabel mit Szegediner Gulasch erkenne ich: Das ist kein Scherz! „Köszönöm heißt Danke", murmelt sie und meint damit wohl, dass ich mich nun artig zu bedanken hätte. Mein Bruderherz ruft: „Krieg ich noch einen Pittiplatsch-Eisbecher? Köszönöm!" Alle lachen.

Ich bin euphorisch, auch weil Vater über seine Beziehungen reichlich Berechtigungsscheine zum Umtausch von Mark in Forint besorgt hat, denn insgesamt dürfen eigentlich nur 440 Mark pro Person im Jahr gewechselt werden. Endlich kann ich mein nutzlos herumliegendes Jugendweihe-Geld mal sinnvoll verbraten. Obwohl auch Mutter durch diese Papiere der Staatsbank der DDR abgesichert ist, schmiert sie am Tag vor der Abreise einen monströsen Stullenberg.

Früh um 5 Uhr haben wir auf dem Parkplatz allerdings „die Brille auf", wie mein Alter zu sagen pflegt, wenn es ein Problem gibt. Wir stehen vor dem Trabi und sehen, dass kein einziges Gepäckstück mehr in den kleinen Flitzer passt. Im Kofferraum ist jeder Zentimeter ausgefüllt und auch auf der Rückbank und der Ablage stapeln sich schon Taschen und Beutel. Mutter schleppt vier dicke Pullover und unsere Anoraks wieder nach oben, obwohl sie da noch nicht wissen kann, dass heute der heißeste Tag des Jahres werden wird.

Vater hat gerade ein Kampfgewicht von 110 Kilo und auch unsere Mutter ist ja eher rundlich. Als sich dann noch wir beiden Jungs hinten hineinquetschen, wiegt das Auto sicherlich doppelt so viel wie bei Auslieferung in der Rummelsburger Straße.

Mein Vater erzählt auf dem Weg in Richtung Adlergestell mal wieder die Geschichte der Anmeldung im Jahre 1972: „Ihren Trabi können sie am 10. Juli 1984 abholen" und er: „Vormittags oder nachmittags?" „Warum wollen sie das denn wissen?" „Na am Vormittag wird doch schon unser Waschmaschine geliefert!" Niemand lacht.

An der Grenze zur ČSSR stehen wir im längsten Stau unseres bisherigen Lebens. Da man beim Trabi die Fenster hinten nicht herunterkurbeln kann, bekommen wir bei fast 40 Grad kaum Luft und gieren nach dem längst lauwarm gewordenen Eistee. Wir träumen von Ungarn und malen uns eine eiskalte Cola an den Ufern der Donau aus, denken an Budapest mit Ständen, an denen Hotdogs, die bei uns Ketwürste heißen, in champagnerbeigen Senf gebettet werden.

Doch dazu wird es heute nicht mehr kommen. Nach zehn Stunden im Backofen hat Vater die Nase voll und verlässt in Brno die Autobahn. Er kennt sich hier durch diverse Radrennen ganz gut aus und steuert zielsicher eine Plattenbausiedlung an. Dort wohnt ein tschechischer Trainerkollege, der natürlich nicht daheim ist. Wie peinlich: Eine Stunde lang sitzen wir wie Asoziale im stockdunklen Treppenhaus, essen mitgebrachte Speckstullen und warten auf diesen Herrn Svoboda.

Vielleicht war es ja doch ein geplanter Zwischenstopp, denn der Typ freut sich, dass wir ihn besuchen, und verschwindet, nachdem man uns vor den Fernseher verfrachtet hat, mit meinen Eltern ins benachbarte Hochhausrestaurant. Das ist okay, denn neben den tschechischen Sendern, ARD und ZDF haben die hier auch zwei österreichische Programme und eines aus Bayern. So eine Vielfalt – und dann noch in Farbe – haben wir noch nie erlebt. Wir bleiben bis Sendeschluss gebannt vor der Kiste sitzen, was ungefähr mit der nächtlichen Kneipenschließung einhergeht.

Am nächsten Tag geht es mit verkaterten Eltern und Kindern mit viereckigen Augen bei sengender Hitze weiter in Richtung Ungarn. Doch kurz vor der magischen Grenze beginnt plötzlich eine der wenigen elektronischen Leuchten im Trabi zu blinken. Vater fährt hektisch auf einen Rastplatz. Wir kommen an die frische Luft und ich lerne wieder einmal etwas dazu. Statt die Motorhaube zu öffnen oder nach dem Wartungshandbuch zu suchen, steigt Vater aus und geht sofort zu einer Gruppe quatschender Männer. Kurze Zeit später stehen zwei bedeutungsschwer diskutierende Kerle um unser Auto. Mein Alter lehnt mit den Händen in den Hüften an der Fahrertür und spornt die Jungs freundlich an, den Fehler zu finden.

Ich weiß nicht, was das Problem war, nur, dass Ede und Michel aus Sachsen jeder zehn Mark bekommen und wir weiterfahren können. Ich muss zurück in den Ofen und ahne nun, wie man ein Auto repariert, wenn man Scheppert heißt. Leider fahren wir aus Kostengründen noch einmal an eine Tankstelle und müssen dort und später an der Grenze zu Land Nummer 4 ewig warten. Doch nach dem letzten Schlagbaum erfasst mich plötzlich ein Gefühl der grenzenlosen Freiheit, welches ich mir ein Leben lang bewahren möchte. Eine Sehnsucht geht in Erfüllung.

Endlich angekommen, meint sich Mutter nach 20 Jahren noch an die Straßenverläufe erinnern zu können, wobei sie Vater danach von einer Einbahnstraße in die nächste Sackgasse lotst. Der wirkt stark unterhopft. Während sich die Alten vorne anschreien, als ob unser Rücksitz weit von ihnen entfernt wäre, pieke ich Benny in den Bauch: „Du stinkst ja wie die Pest" „Und du wie Buda." Wir machen uns darüber lustig, dass die Eltern nicht mal wissen, in welchen Stadtteil wir müssen. Irgendwann hat der Alte die Schnauze voll, hält mitten auf einer Kreuzung und fragt einen Polizisten. Auf dem Rückweg fährt ihm fast ein Skoda über die Füße und er hämmert mit voller Wucht mit der Faust auf das Wagendach. Mir wird mal wieder klar, warum ich noch immer solch einen Respekt vor ihm habe. Das Klima im vorderen Teil des Trabis ist danach – trotz 34 Grad im Schatten – frostig.

Die Gastwirte haben für uns das Schlafzimmer geräumt, um nun drei Nächte auf der Wohnzimmercouch zu campieren. Benny ärgert das, weil dort der Fernseher steht. Doch der sendet nur Schwarz-Weiß und ich möchte sofort hinunter in die farbenfrohe West-Welt. Bis wir endlich aufbrechen, trinkt Vati mit dem Opa noch zwei Pálinka-Schnäpse, während mir die ältere Dame mit der Hand durch die Haare fährt und in gebrochenem Deutsch murmelt: „Was für ein schönes Kind. Wie mein Attila." 15-jährige Jugendliche können das besonders gut leiden.

Vor der Tür erklärt mir Mutter, dass deren einziger Sohn 1956 gestorben sei und ich ihm wohl ähnlich sehe. Trotzdem kein Grund, mich so zu betätscheln. Benny wird von mir ab sofort dafür eingeteilt, auch wenn er kein so schönes Kind ist – was ich ihm sofort mitteilen muss. Mutter verpasst mir eine Backpfeife: „Natürlich! Benny ist noch viel hübscher." Der juchzt, ich grinse und Vater zwinkert mir verschwörerisch zu.

Wir wohnen nicht weit von der Donau entfernt. Doch für den riesigen Fluss habe ich keinen Sinn, weil mich ausschließlich die quietschbunten Auslagen der Geschäfte interessieren. Direkt neben dem Haus gibt es einen Laden mit kuhlen Adidas-Klamotten. „Komm mal. Sowas haste noch nicht gesehen", zerren wir an Vater. Doch der will ein schäumendes Frischbier und vertröstet uns auf morgen. Unter dem Bogen einer berühmten Kettenbrücke, wobei Mutti in den nächsten Tagen alles als „weltberühmt" betitelt, entdecken wir einen Imbissstand. Vater spendiert zwei eiskalte Coca Cola und „Paros virsli mustar", oder so ähnlich, denn aus Ungarisch werden wir, trotz des Russischunterrichts, nicht schlau. Der Hotdog ist trotzdem – wie der erste Eindruck von dieser Stadt – zum Weinen schön!

Außerdem kostet die Cola nur 10 Forint und die Wurst im Brotlaib 20. Das ist ja alles bezahlbar, wobei wir fürs Abendbrot trotzdem zurück in die Bude geschleift werden. Vaters Gastgeschenk (Nordhäuser Doppelkorn) ist nun kalt und auch die Teewurst-Schrippen haben sich im Kühlschrank ein wenig erholt. Dann machen wir noch einen Ringel. Die komplette Stadt scheint zu leuchten. Die Uferpromenade, die Brücken, die Ausflugsdampfer, die Werbetafeln auf den Häusern, die Reklamen der Geschäfte, die Taxis, die Busse, die Metroeingänge – einfach alles. Im RIAS habe ich die Moderatoren mal vom grauen, finsteren Ostberlin reden hören. Heute habe ich erstmals eine Vorstellung davon, was sie damit gemeint haben könnten. Budapest fetzt! Urst! Ein!

Obwohl wir uns in der perfekten Konsumgesellschaft befinden, gibt es zum Frühstück nur löchrige Marmeladen-Graubrote, und danach will Mutter auf Sehenswürdigkeitstour gehen. Doch wir einigen uns auf einen Kompromiss: Benny und ich haben bis zum Mittag frei. Zunächst denke ich, die Alten wollen uns verarschen, doch die anschmiegsame Gastwirtin versichert mir, dass die Geschäfte hier wirklich alle auch am Sonnabend geöffnet haben.

Aufgrund der Kürze der Zeit, aber auch weil mein Forint-Vorrat begrenzt ist, muss ich in den Shops die DDR-Kaufhallentaktik anwenden. Es wird immer ein – durchaus hochwertiges – Stück gekauft und eines geklaut. Benny bekommt von alledem nichts mit und ist mit seinem naiv-drolligen Gesichtsausdruck sogar ein ganz gutes Alibi. Eine Levi's, ein Nike-Pullover, Converse-Schuhe und ein schwarz-rotes „Bad Boys"-Shirt landen in meinen Einkaufstüten, wobei ich nur für die Hose und die Treter bezahlen muss. Benny erwirbt Sticker von „Franky Goes To Hollywood" und „Kim Wilde" und ich spendiere ihm, da der Spasti kaum Geld dabei hat, noch ein „Honda-Nicki". Noch nie haben wir so viele Sachen gesehen, die wir brauchen! In einem Plattenladen hole ich mir die „Black Celebration" von Depeche Mode. Obwohl ich alle Songs davon auf Kassette habe, kann ich zu Hause damit extrem angeben.

Vati nippt genüsslich am Bier und Mutti schlägt sich die Hände vor den Mund, als sie uns kommen sieht. „Graf Koks hat ja halb Budapest leergekauft", ruft sie mir zu, wobei auch vor ihr zwei

Einkaufstaschen voller Westklamotten stehen. Ich habe Spendierhosen an, gehe an den Kiosk und bestelle vier dieser „Paros Würschtli Mustafa". Den Preis zeichnet mir der Verkäufer auf: 160 Forint. „Nee, Genosse, 80!" Ich lass mir den Kuli geben, um es aufzuschreiben, denn gestern hatte eine ja lediglich 20 gekostet. Doch er beharrt darauf, bis ich Vater heranwinke. „Mark, mein Bier hat auch das Doppelte gekostet. Morgen ist hier Formel-1-Rennen." „Was hat denn das mit den Hotdogs zu tun?", frage ich entsetzt. „Junge, schon mal was von freier Marktwirtschaft gehört?", mischt sich eine Frau neben mir plötzlich ein.

„Was will die Olle denn jetzt?", flüstere ich meinem Vater zu, der gerade die noch fehlenden Forint hinter die Theke schiebt. Die Frau wedelt mit einem 10 DM-Schein.

‚Der Kapitalismus ist eine Gesellschaft der Ausbeutung', kommen mir die Worte unserer Stabi-Lehrerin Frisch in den Sinn. „Wegen eines beschissenen Autorennens verdoppeln die hier gleich mal die Preise?", schimpfe ich. Doch Vater antwortet, als könne er Gedanken lesen: „Nur der Kommunismus kann die Ausbeutung des Menschen durch den Menschen beseitigen!" Er trinkt sein überteuertes Bier auf ex aus, rülpst und ruft: „Nastarowje!" Da kann auch ich wieder lachen.

Im Zimmer breiten wir stolz unsere Einkäufe aus. Die Wirtin kriegt sich fast nicht mehr ein und ich staune, dass Benny einen Beutel Glitzersteine hat mitgehen lassen. Er grinst mich verstohlen an, während ich bereits überlege, mir damit „DEMO" auf die Jacke zu pinnen. Abends laden uns die Eltern in ein uriges Lokal in der Altstadt ein. Am Einlass werden wir gefragt: „Deutsch oder DDR?", und dann vom Objektleiter in die hinterste Ecke des Ladens verfrachtet. Die Stadt ist wegen des Rennens am Hungaro-Ring voll von Deutschen, die jedoch von den Ungarn in zwei Kategorien eingeteilt werden. Wie unkuhl.

Tags darauf scheinen wir wirklich Betteltouristen zu sein, die trotz toller Metro alles ablaufen müssen und das noble Hilton Hotel nur von außen bestaunen dürfen. Danach erklimmen wir den Gellertberg, wegen der „Aussicht", bis wir das „berühmte" Gellert-Bad erreichen. Mutter die Route zu überlassen war keine gute Idee. Vor dem Eingang stehen hunderte mumienartige Frauen in der prallen Sonne an. Darauf haben wir echt keine Böcke. Also zurück. In umgekehrter Richtung wandern wir an endlosen Straßenzügen entlang, bis wir die im Fluss befindliche Margareteninsel erreichen. Wir lechzen nach einem Eis und wollen vor allem endlich baden.

Auch das Palatinus-Bad kennt Mutter wie aus dem Nähkästchen, obwohl sie zuletzt vor 20 Jahren dort gewesen war. Unaufhörlich schwärmt sie von riesigen Schwimmbecken, großen Liegewiesen und vom einzigartigen Wellenbad. Das ist zwar alles noch da, aber vollgestopft mit tausenden von Menschen. Hier sind es eher Mütter mit kreischenden Gören. „Alle Männer sind ja beim Formel-1-Rennen", nörgelt mein Vater, obwohl er sich nullstens für Autos interessiert.

Das Bad ist nichts im Vergleich zum modernen SEZ in Friedrichshain. Die Wellen kommen nur einmal jede Stunde, sind extrem popelig oder durch die Massen nur zu erahnen. Völlig arschlos! „Benny, gleich kommt die nächste." „Mark, ist das nicht schau?", brüllt meine Mutter ohne Unterlass. „Nein, lass los. Das ist die letzte Scheiße!", rufe ich, doch sie krallt sich regelrecht an mir fest.

Ich weiß mir nicht anders zu helfen, als sie wegzustoßen, und treffe versehentlich ihr Gesicht. Das hat mir gerade noch gefehlt, denn nun beginnt sie auch noch zu weinen. Das wird Vater, der gerade in der Schlange vor dem Bierstand versackt ist, überhaupt nicht gefallen. Mehrmals entschuldige ich mich und erkläre ihr das Berlin-Budapest-Wellenbad-Ding noch einmal genau. Plötzlich beginnt meine Mutter mit tränennassen Augen zu erzählen, dass ihre erste große Liebe ein Ungar namens Laszlo gewesen war, mit dem sie die drei schönsten Wochen ihres Lebens am Balaton und in Budapest verbracht hatte. In diesem Wellenbad küssten sie sich das erste Mal. Ich staune mit offenem Mund darüber, wie wenig Söhne eigentlich über ihre Mütter wissen. Allerdings überlege ich auch, was mit einem ungarischen Vater alles möglich gewesen wäre. Rein klamottentechnisch!

Mit 15 Jahren nehme ich meine Mutti erstmals ohne Scham in die Arme und flüstere ganz leise: „Ich hab dich lieb."

Kubanische Apfelsinen

Am 14. November 1986 türmen sich morgens 15 Zentimeter Schnee auf dem Fensterbrett und in der Schule liefern wir uns eine heroische Schneeballschlacht mit den Spastis aus der Rosa Luxemburg. Schon auf dem Heimweg wissen wir, dass uns ein 1A-Wochenende bevorsteht. Mit Benny wuchte ich den Schlitten vom obersten Regal der Kammer herunter und auch die verrosteten Gleiter finden wir irgendwann. Am nächsten Tag sind wir startklar für den winterlichen Friedrichshain.

Ich trage meinen beige-gelben Anorak, die grün-blaue Bommelmütze, welche Opa mir aus Sarajewo mitgebracht hat, schwarz-rot gestreifte Hosen und braune Stiefel. Wie all meine Freunde bin ich ein Farbtupfer, der sich holprig die schneebedeckten, weißen Hügel hinunterstürzt. In der 6. Klasse hatten wir einmal zeichnen müssen, wie wir uns die Zukunft im Jahr 2000 vorstellen. Mein Bild zeigte die „Todesbahn" des Volksparks, deren Gipfel man mit einer tollen Seilbahn erreichen konnte. Eine Skisprungschanze gab es auch. Überall rodelten, segelten oder trollten sich bunt gekleidete Kinder und Erwachsene.

Der richtige Winter kehrt pünktlich zum Fest zurück. Kurz nach 16 Uhr taucht Vater am Weihnachtstag auf. Er ist schon leicht hinüber und hat – wie immer – in allerletzter Sekunde die wahrscheinlich hässlichste Kiefer Berlins ergattert. Eine Kiste Bier, mit ausschließlich braunen Flaschen, Weinbrand, Sekt und Eierlikör besorgte er während der Arbeitszeit. Unser Essen hingegen musste Mutter an verschiedenen Tagen in Dederon-Beuteln und Netzen vom Fleischer oder aus der Koofi anschleppen.

Während die Alte im Flur vor den Fahrstühlen beschwipst versucht, den Stamm des fast nadelfreien Gehölzes mittels Säge passgenau für den Christbaumständer anzuspitzen, bohrt Nachbar „Boonekamp" Voss pedantisch kleine Löcher in den Stamm seines ersten (!) Baumes, um danach die schönsten Zweige des zweiten dort mittels DUOSAN Rapid hineinzukleben. Unser Obermieter kreiert eine fantastische Tanne, während wir die schrecklichste Krüppelkiefer Berlins – angelehnt an die Schrankwand, damit das Ding nicht umfällt – im Wohnzimmer zu stehen haben. Auch das schlampig auf die Zweige verteilte Lametta und die weinroten Kugeln können keine Verbesserung mehr bewirken. Lediglich der Schwippbogen, die hölzerne Pyramide, der Nussknacker, das Räuchermännchen und etliche handgeschnitzten Rehe aus dem Erzgebirge – Mutters Zeug von vor dem Krieg – vermitteln eine gewisse weihnachtliche Stimmung in unseren vier Wänden.

Bennys, mit seinen Wurstfingern, selbst gefertigte Scherenschnitte (es sollen wohl Friedenstauben sein) dürfen nur im Kinderzimmerfenster aufgehängt werden.

Zu guter Letzt funktioniert die 16er-NARVA-Lichterkette nicht, sodass Vater eine 10er von Pfirsichnase Voss borgen muss und er (der Träger des goldenen Weinbrand-Abzeichens) dadurch bereits am 24.12. ein Pulle Schnaps in den Sand setzt. „Nächstes Jahr bügeln wir unser Lametta auch mal", lallt er hackedicht, als wir Kartoffelsalat mit Würsten, Buletten und hauchfein geschnittene ungarische Salami aus dem Delikat in uns hineinschaufeln. Danach dürfen wir vom in Eierlikör schwimmenden Obstsalat naschen. Auf dem Plattenteller laufen Weihnachtslieder aus dem Erzgebirge, die Mutter immer so gerne hört und welche – aus purem Zynismus – mittlerweile einen gewissen Kultcharakter haben. Alle singen mit!

Bescherung erst am 25., was uns das heilige Fest – bei bescheuertem TV-Programm – endgültig verleidet. Erstes, Zweites, Drittes, DDR1, DDR2 und wieder zurück. Immer wenn jemand beim Umschalten am Fernseher den Weihnachtsbaum mit dem Pulli streift, stellt sich das elektrisch geladene Lametta schlagartig auf.

Ich verkrümele mich mit Benny ins Kinderzimmer, wo wir Kassetten hören, weil sogar im Westradio fast nur dieser Weihnachtsmist läuft. Ich wäre jetzt lieber mit den Jungs unterwegs, doch auch die müssen das Fest in trauter Familienidylle oder im „Christ-Stollen" (Kirche) ertragen. Frohe Weihnachten!

Frühstück ist um 9 Uhr und es nervt, dass wir mit Mutter „Drei Haselnüsse für Aschenbrödel" und danach „Zwischen Frühstück und Gänsebraten" mit einem zwanghaft komisch sein wollenden Heinz Quermann schauen müssen, während sich Vater beim Frühshoppen im Scheppert-Eck einen einhilft. Genau als Hauff-Henkler ihren fürchterlichen Weihnachtsreigen beendet haben, klingelt es an der Tür. Freudestrahlend drückt uns die Lieblingsoma aus Halle je ein Paket in die Hand, doch Mutter brüllt aus der Küche: „Bescherung ist erst am Nachmittag!" Ömchen lächelt schulterzuckend, während wir an den Wohnzimmertisch getrieben werden. Eine Schüssel mit Rotkraut, grüne Klöße und eine polnische Mastgans, die Mutti als Bückware ergattert hatte, wechseln in der Durchreiche den Besitzer. Vater schenkt mir Berliner Pilsner in ein Tulpenglas ein. Benny schaut zu mir auf und zieht einen Flunsch. Er kann dann später „ausnahmsweise" mal am Eierlikörglas nippen.

Noch bevor Oma ein Stück der Gans angeschnitten hat, lobt sie das Essen über den grünen Klee. Vater zwinkert mir zu und Mutter meckert: „Nun koste doch erstmal!" Mein Bruder bekommt eine Keule und strahlt. Im Gegensatz zu mir (Brust) schaufelt er sich sofort das gute Fleisch hinein und glotzt dann ganz bedrückt, als nur noch die ollen Sättigungsbeilagen auf seinem Teller liegen. Nach dem Eierlikör-Obstsalat verschwindet Vater zum Mittagschlaf, Mutter macht den Abwasch und Oma darf auf der Couch lümmeln. Dort kreist „Weihnachten in Familie" von Frank Schöbel auf dem Plattenteller. Wir werden demnach nicht für eine Stunde ins Kinderzimmer verbannt, sondern verschwinden freiwillig.

Plötzlich hämmert jemand an die Tür und kreischt: „Der Weihnachtsmann war da!" Wenigstens ersparen sie uns den peinlichen Auftritt des angesoffenen Nachbarn Voss als verkleideten Geschenkeüberreicher mit Bettbezug-Sack. Benny nuschelt eilig ein sinnloses Gedicht herunter, bevor er sich auf den „Gabentisch" stürzt.

Meine Eltern (also mit Sicherheit nur Mutter) hatten wie immer dafür gesorgt, dass es nach „viel" aussieht. Schlüpfer, Socken und Nickis aus der Jugendmode, Autobahnrennteile (gewünscht), eine Schlager-Süßtafel sowie grünlich-gelbe kubanische Apfelsinen und ein paar mehr Haselnüsse als für Aschenbrödel gibt es in diesem Jahr. Benny bekommt noch einen Chemiebaukasten, ein Puzzle vom Palast der Republik und ich einen neuen schwarzen Aktenkoffer mit Zahlenschloss.

Mein Bruder reißt sofort das relativ schmal wirkende „Westpaket" von Oma Halle auf. Und tatsächlich: Die Matchbox-Autos, die MAOAM-Stange, die zwei 90iger BASF-Kassetten, das Ü-Ei und vor allem der 20iger Forumscheck sind nicht nur in seinen Augen wertvoller als alle Präsente zusammen genommen. Ich sehe Benny schon vor mir, wie er am 27.12. im Intershop im Hotel Berolina herumschleicht und angestrengt überlegt, was er sich davon alles kaufen kann. Am Abend danach wird er dann frustriert – und mit aller Gewalt – zwei Puzzleteile, die überhaupt nicht passen können, ineinander drücken, weil er seine Westwaren bereits alle aufgefuttert hat. Vater lächelt derweil süß-sauer, da er von Mutter – wie immer – eine blaue Krawatte und ein braunes Hemd geschenkt bekommen hat und von Oma Halle Tabac Original. Von mir gibt es Rasierwasser von Privileg, doch Benny schießt wie immer den Vogel ab, denn er überreicht ihm stolz ein Stullenbrett, wo er mit krakeliger Schrift mittels Lötkolben das Wort „Prost" hineingebrannt hat.

Noch besser ist sein Geschenk für Mutter. Im Werkunterricht hatte er eine Kaffeeuntertasse an den Rändern mit Makkaroni beklebt, das Ganze fett mit Goldfarbe bestrichen und in der Mitte klebt ein Schwarz-Weiß-Bild von ihm mit Pionierhalstuch!

Mutti bekommt vom Vati Tosca und von mir eine Flasche Badusan und eine Packung Halloren-Kugeln. Auch Oma geht nicht leer aus: Sie ergattert das Parfüm Schwarzer Samt, eine Lux-Seife und ein paar dieser schier ungenießbaren Apfelsinen. Von mir gibt es lila Pantoffeln und Benny überreicht ein selbstgebasteltes Notizbrett mit dem Slogan: „Hattu Kopf wie Sieb, muttu aufschreiben".

Gegen 16 Uhr ist der, wenngleich sehr lustige, Spuk vorbei.

Opa Hans klingelt. Mutti rennt los, um Bohnenkaffee zum „Kalten Hund" aufzusetzen. Sie kann ihn und seine neue junge Frau nicht ausstehen. Die zwei „angeheirateten" Mädchen gehen uns nun drei Stunden tierisch auf den Keks, weshalb wir sie im Kinderzimmer so lange mit Pupsen quälen, bis sie heulend zur Mami rennen. Tante Jana (Opas neue Kirsche) kommt ins Kinderzimmer geeilt und wackelt aufgeregt mit ihren üppigen Brüsten vor meinem glühenden Gesicht herum. Ich genieße den Auftritt in vollen Zügen, zumal sie es ja immer ist, die nach drei, vier Gläsern Sekt schweinische Witze erzählt.

Vater erträgt währenddessen die staatstragenden Monologe meines Opas mit einem seligen Lächeln; sicherlich auch, weil er sich mit ihm ein Bier (und mitgebrachten Napoleon) nach dem anderen hinter die Binde kippen kann, ohne heute „Mecker" von Mutter dafür zu beziehen. Die mixt sich ja selbst die dritte Ampel aus Pfeffi, Apricot und Kirsch.

Fehlt eigentlich nur noch Onkel Wolfgang in der illustren Runde, dann würden sie bis tief in die Nacht zusammenhocken. Eigentlich schade, dass er fehlt, denn ihn, seine Frau Diana und vor allem ihre Tochter Anne kann ich sehr gut leiden. Vielleicht sehe ich sie ja nie wieder, denn meine Cousine hatte mir letzten Sommer ins Ohr geflüstert, dass ihre Eltern einen Ausreiseantrag gestellt haben.

Wenigstens kommt die bucklige Verwandtschaft aus Zwickau diesmal nicht. Die wurden vorsorglich mit Paketen aus dem Hauptstadt-Delikat abgespeist. Um 21 Uhr machen unsere Gäste endlich die Fliege. Beim Abschied lässt Tante Jana sehr lange ihre mächtigen Euter auf meiner Brust ruhen. Sie hat sich nun auch blau getrunken.

Eine Stunde später beschließe ich, doch noch nach meinen Jungs zu schauen. Am Rosengarten begegne ich ein paar Kunden aus der Rosa, die mich zum Glück nicht einseifen, und am Leninplatz lungert bei eisiger Kälte auch niemand herum.

Genosse Lenin hat einen langen eisigen Bart und Schnee auf dem Kopf. Er sieht ein bisschen aus wie der Weihnachtsmann. Auf dem Rückweg, als ich es fast schon aufgeben will, sehe ich Torte, Tessi, Bergi und Bommel an der Seitenwand eines 10-Stöckers stehen. Nach großem „Hallöchen, Popöchen" erfahre ich, dass sie gerade diskutieren, wessen Schneeball höher über das Dach der Hauswand geflogen ist.

Ich staune, denn als ich es versuche, komme ich gerade mal bis auf Höhe des 7. Stocks (wobei ich auch im Schlagball- und Granatweitwurf eher eine Niete bin).

Tessi und Bergi hatten es bis aufs Dach geschafft. Ich soll als Schiri entscheiden, welcher Wurf der höchste ist. Doch bei einsetzendem Schneefall kann ich das nicht einschätzen – habe aber eine Idee: In Windeseile fahre ich in unsere Wohnung und hole sechs dieser gummiartigen kubanischen Apfelsinen. Die kann man wenigstens im leichten Schneetreiben erkennen.

Gerade als ich meine Entscheidung bekannt geben will, kommt Bommel aufgeregt angerannt. „Scheiße, der Hobinek liegt da vorne und blutet wie ein Schwein!"

Eine Apfelsine muss wohl so hoch über das Haus geflogen sein, dass sie seitlich heruntergeschossen und unserem KWV-Hausmeister – dem größten Anscheißer der Gegend – auf den Kopf gefallen war. Wir rennen ums Eck und sehen den Kerl, der immer den Bewohner des Monats im Seniorenheim kürt, tatsächlich in einer weinroten Lache im Schnee liegen.

„Leute! Wir behaupten einfach, dass ihm ein Teil aus dem Weltall auf die Omme gekracht ist", ruft Bergi. Bommel bekommt einen Lachkrampf und steckt uns wie immer alle an. „Da ist bestimmt eine Apfelsine aus 'nem kubanischen Raumschiff geplumpst", rufe ich. „Ja, 'ne Fidel-Granate!", ergänzt Torte. Längst kullern Bommel Tränen über die roten Wangen und er wiehert wie ein Zebra im Tierpark.

Nur Tessi kann nicht lachen, da er vermutet, der Werfer gewesen zu sein. Er brüllt: „Hobinek, du Idiot, wach auf!" Bergi dreht ihn um und verpasst ihm zwei Backpfeifen. Wir sehen, dass er zwar fürchterlich aus der Nase blutet, aber gar keine Kopfwunde hat. Die Kuba-Apfelsine war anscheinend wie ein Flummi von seiner Schapka abgeprallt, denn die unzerstörbare Ost-Südfrucht liegt drei Meter von ihm entfernt im Schnee. Doch durch die enorme Wucht muss er nach vorn aufs Gesicht gefallen sein. Langsam öffnen sich die verengten Augen und starren uns fragend an.

Plötzlich murmelt der Patient: „Danke Jungs! Das muss wohl der Wodka gewesen sein. Ohne euch wäre ich im Sommer erfroren." Danach rappelt er sich hoch und kotzt in eine Speckitonne.

Wir staunen nicht schlecht. Einer meiner Freunde wäre mit dieser Aktion fast im Jugendwerkhof gelandet und nun sind wir die großen Helden? Und was heißt hier eigentlich Sommer? Es liegt Schnee! Ist der jetzt völlig weich in der Birne?

Doch alle wollen gar nicht weiter darüber nachdenken. Wir lösen uns blitzschnell auf und verbringen die letzten Stunden des ersten Feiertages in sicherer Familien-Glückseligkeit.

Gute Vorsätze

Eigentlich müsste ich gerade meinen Lebenslauf schreiben. Das hatte mir unsere Lehrerin Frau Wagenbach geraten, weil sie sich im kommenden Jahr bei der Direktorin für meinen Abiturplatz einsetzten will. Trotz zahlreicher Verfehlungen besäße ich zumindest in Deutsch ein gewisses Talent – meinte sie.

Aber das geht leider nicht, denn es beginnt der lang ersehnte Weihnachtsmarkt an der Jannowitzbrücke. Große Leuchtschriften, blinkende Reklametafeln, heulende Sirenen und Lautsprecherdurchsagen locken mich hinter das breite Tor mit den Märchenfiguren im Tannengrün. Den Alten wird alljährlich mit Glühwein, Altberliner Bierbowle und Kräuterschnäpsen eingeheizt und die Kleinsten weinen sich beim Erinnerungsfoto mit dem Rauschebart-Mann im roten Mantel oder während der Tortur in der Geisterbahn die Augen aus. Andere fahren mit dem ununterbrochen von „O du fröhliche" musikalisch begleiteten Karussell auf Pferdchen und Schweinchen im Kreis. Etliche Touristen aus anderen Bezirken erheben sich in hölzernen Gondeln des Riesenrads in die Lüfte und bestaunen unser Berlin.

Wir hingegen stehen uns im Schneematsch vor dem „Superskooter" die Beine in den Bauch und stürzen, sobald die laute Sirene ertönt, in einen der per Stange an die Oberleitung angeschlossenen Wagen, werfen hektisch einen Chip in den Schlitz und rammen dann mit aller Gewalt die Autos unserer Kumpel.

Dirk und Lars trifft man zuverlässig am Stand mit den Telespielen, die Tennis, Fußball und Olympia simulieren. Auch ein paar „Einarmige Banditen" gehören hier zu den Dingen, die urst einfetzen und welche es sonst in der DDR nicht gibt.

Allerdings spucken die Dinger kein Geld, sondern lediglich Spielmarken aus, die man sich – genau wie beim Gewinn in der „Lotterie" oder nach Treffern am Schießstand – in Tinnef umtauschen kann. Einer der Jungs hängt fast immer in den Schlangen vor den Fressständen herum und so gibt es Goldbroiler, Thüringer Bratwurst und Schaschlik satt. Aber auch Alkohol, weil die Älteren der Schule – für einen kleinen Aufpreis – bereit sind, uns mitzuversorgen. Noch können sie damit einen Kuhlen machen. Doch im nächsten Jahr sind die meisten von uns endlich 16 und brauchen die Ausweiskontrollen des Kirsch-Whiskey-Beauftragten nicht mehr so zu umgehen. Nach diversen alkoholischen

Getränken fahre auch ich Karussell – in meinem Kopf.
Ganz ehrlich: Da bleibt keine Zeit, um einen Lebenslauf zu verfassen. Das verschiebe ich mal lieber aufs nächste Jahr.

Doch das Schicksal holt mich ein. Am 26.12. geht es auf einen „Ringel" mit der Familie durch den verschneiten Friedrichshain. Und wen treffen wir? Die Wagenbach mit ihrem Macker, dieser Lederratte. Der Kerl wird so genannt, weil er fast immer einen schwarzen Ledermantel trägt und Frau Wagenbach die hübscheste Lehrerin Berlins ist. Durch ihn erlernen 15-jährige Jungs, was Eifersucht ist. Enno aus der A brachte den Spitznamen auf und wollte damit wohl andeuten, dass der Typ beim „Memphis" (MfS) ist – obwohl er kein Parteiabzeichen trägt. Diese Ratte!

„Na Mark, hast du denn schon deinen Lebenslauf fertig?", fragt mich die 24-jährige Traumfrau mit einem zweifelnden Lächeln. „Na klar doch, Frau Wagenbach. Muss ihn nur noch in Schönschrift abschreiben", sage ich und spüre dabei die bohrenden Blicke meines Vaters im Rücken. Ich schaue verschämt zu Boden. Meine Lehrerin trägt weinrote Lederstiefel und die sehen echt toll aus.

„Das freut mich, Mark. Zeig ihn mir einfach am 4. Januar. Mit meiner Unterstützung kommst du vielleicht doch noch auf die EOS." Sie schmunzelt dabei eher meinen Alten an. Die hässliche Lederratte ist derweil zum zugefrorenen Ententeich gelaufen.

Nur kurz können wir danach unserer ängstlichen Mutter und der Oma elegante Schwünge auf den Gleitern zeigen, da Benny während der Abfahrt auf der „Knochenbahn" böse stürzt und sich dabei, laut Diagnose von Prof. Dr. Scheppert (meinem Vater), die Hand lediglich leicht verstaucht hat. Wir kehren trotzdem um.

Am 27.12. ist mein Bruder mal wieder zu Gast im Krankenhaus Friedrichshain. Dort wird nach langer Warterei ein Bruch des rechten Handgelenks diagnostiziert. Mit wehleidigem Gesicht und Gipsarm blockiert der Schwerverletzte ab dem 29.12. – der Qualifikation des ersten Springens der Vierschanzentournee – die Wohnzimmercouch und brüllt zusammen mit mir ununterbrochen „Uuullf", was Vater beinahe in den Wahnsinn treibt. Ulf Findeisen ist in diesem Jahr der beste Flieger aus unserer Heimat, aber auch die BRD hat mit Klauser und Bauer potenzielle

Siegspringer dabei, weshalb der euphorische ARD-Reporter fast durchdreht. DDR-Olympiasieger Jens Weißflog ist außer Form. Mein Alter feiert noch Resturlaub ab, aber mit „Kürbis Kugelbauch" allein zu Hause zu sein ist ganz okay. Er ist ein angenehmer Kerl, wenn er was trinkt, und er trinkt eigentlich fast immer. Der Bierkönig schaut sich mit uns am 30.12. im Wachkoma das Wertungsspringen in Oberstdorf im West-TV an, weil er die hohlen Ost-Kommentatoren nicht ausstehen kann.

In einer Kneipe in Brandenburg war es deswegen sogar mal zum Eklat gekommen. Er hatte einer Kellnerin gesagt, dass Dirk Thiele der beschissenste Berichterstatter des DDR-Fernsehens sei. Wie sich herausstellte, war die Bedienung die Ehefrau Thieles, doch statt einer rechten Geraden auf die Zwölf bekam er einfach kein neues Pils mehr ausgeschenkt, was ihn viel schwerwiegender traf.

Vegard Opaas aus Norwegen gewinnt knapp vor Klauser und unser Ulf wird Fünfter. Wir sind zufrieden und ärgern uns lediglich darüber, dass der Schwede Boklöv, trotz großer Weiten, so viele Abzüge wegen seines Stils mit weit geöffneten Skiern (statt sie parallel zu führen) bekommen hatte. Alle freuen sich aufs Neujahrsspringen. Vorher ist jedoch noch Silvester. Meine Alten feiern im „Scheppert-Eck" mit den Schnapsdrosseln der Gegend und dieses Jahr müssen wir nicht mehr mit.

Um 19 Uhr schließe ich den Alfclub auf, um 22 Uhr sind fast alle breit und gegen 23 Uhr habe ich total den Überblick verloren, da unser Heim im 9. Stock zur Partybühne ausgeweitet wurde, nur weil Assi dort oben mal aufs Klo wollte. Wenigstens ist die Wohnung Sperrgebiet für sämtliche Filous, Harzer Knaller und Fliegende Blitze.
Die Jungs aus meiner Clique achten sogar darauf, die Briefkästen unseres Hauses von Feuerwerkskörpern und Stinkbomben zu verschonen, damit uns keiner wegen des Clubs blöde kommt. Auch Klingelstreiche fallen somit flach.
Auf dem Parkplatz vor der Tür drehen dennoch alle total durch und Trulli, dessen Bruder sich für diverse Krachmacher von „Pyrotechnik Silberhütte" bei klirrender Kälte saufrüh vor der Drogerie angestellt hatte, erleidet durch einen „Blitzschlag" böse Verbrennungen am Unterarm. Didi und Tessi liefern sich

draußen derweil eine Essensschlacht, indem sie sich gegenseitig mit Buletten bewerfen. Die sind schon total blau und von nun an heißt es: saufen bis zum Erbrechen.

Benny, für den ich heute verantwortlich bin, grölt im Keller zusammen mit Bommel fast ununterbrochen „Knall!", „Bumm!" und „Peng!", weil er (wie mein kleiner Freund) ein viel zu großer Schisser ist und gar nicht selbst zum Zündeln hinausgeht. Er begnügt sich mit Wunderkerzen aus Riesa und strahlt. Wenigstens bleibt mir dadurch eine nächtliche Fahrt mit einem „Aua, aua! Hier war ich schon mal!" brüllenden Bruder ins Krankenhaus Friedrichshain erspart.

Kurz vor Mitternacht stehen meine besten Freunde mit mir am Wohnzimmerfester. Benny zählt hinter uns – parallel zur großen Uhr in der Glotze – den Ablauf der letzten Minute bis zum Jahreswechsel hinunter und zupft dann theatralisch das letzte Blatt des kleinen Abreißkalenders ab. Dann schauen alle gebannt auf die Silvesterraketen, welche vor den Neubaublöcken in die Nacht steigen. Die meisten von ihnen leuchten weiß, manche sind grün und einige wenige rot. Am Horizont, dort wo wir Westberlin vermuten, scheint der Himmel in grellen Blitzen regelrecht zu explodieren. Alle wünschen sich, einmal Silvester dort erleben zu dürfen.

Während Benny, wie auf einer grünen Wiese – die leere Curaçao-Pulle und der Rest von fünf ausgequetschten Kuba-Orangen neben sich liegend – auf unserer Couch vegetiert, beginne ich gegen 1 Uhr mit der großen Säuberungsaktion und versuche, meine Leute zurück in den Keller zu treiben. Zum Glück hatte Jürgen aus der A nur unten im Club gereihert (schade um den Fleischsalat) und da mein Vater selbst qualmt, wird der Geruch nicht allzu groß auffallen. Ein Hauch von Pfeffi-Likör wabert noch durch die Luft.

Plötzlich ruft Bommel aus dem Kinderzimmer: „Kommt mal alle her. Da unten steht die Wagenbach und kotzt in die Rabatte!" Ich räume sicherheitshalber die von Oma Halle „vergessenen" Apfelsinen weg und schaue ebenfalls hinunter.

„Hey Zuckerpuppe, willste hochkommen?" schreit Andi und schnippt seine Kippe hinunter. „Schnauze, die will was sagen!", ruft Bommel. Zu viert schauen wir aus dem Fenster: „Das bleibt aber unter uns, Mark!", hallt es nach oben. „Die ist ja breit wie zehn sowjetische Matrosen", lacht Tessi. Alle anderen schauen mich fragend an. Doch eigentlich weiß ich ja selbst nicht genau, ob ich ihr Versprechen, sich für mich beim EOS-Platz einzusetzen, oder ihre Kotzaktion für mich behalten soll.

„Alles klar. Na dann, ein gesundes neues Jahr und danke für alles", rufe ich nach unten. Die hübscheste Frau Friedrichshains winkt und schwankt dann hinüber zum S-Block. Wenn das kein guter Start ins Jahr 1987 ist!

Am Nachmittag des nächsten Tages lege ich die Amiga-LP von Simon & Garfunkel auf den Plattenteller – träume mich zum Klassenfeind in den Central Park von New York – und scheibe meinen Lebenslauf.

Lebenslauf

Ich, Mark Scheppert, wurde am 01.08.1971 in Berlin geboren. Mein Vater, Joachim Scheppert, ist Diplomsportlehrer und beim SC Dynamo Berlin als Sektionsleiter Radsport tätig. Er ist Mitglied der Sozialistischen Einheitspartei Deutschlands sowie des DSF, des FDGB und des DAV. Meine Mutter, Doris Scheppert, arbeitet als Sekretärin im Ministerium für Außenhandel. Sie ist Mitglied des DFD, der DSF, des FDGB und der ZV. Mein Bruder, Benny Scheppert, ist Schüler der 7. Klasse.

1978 wurde ich in die Käte-Duncker-Oberschule eingeschult, welche ich bisher mit stets guten bis sehr guten Leistungen besuchte. Ich war Jung- und Thälmannpionier und bin seit 1985 Mitglied der Freien Deutschen Jugend. Seit mehreren Jahren bin ich Sport- und Kulturfunktionär in meinem Klassenkollektiv. Ich bin in der DSF.

Seit 1977 betätige ich mich im DTSB, besonders in den Sektionen Eiskunstlauf, Schwimmen und Fußball. Dies beweist, dass ich viel Freizeit der sportlichen Betätigung widme. Nach meiner Jugendweihe im März 1986 beschäftigte ich mich ernsthaft mit der Festlegung meiner beruflichen Perspektive. Meine Vorstellungen waren vor allem dadurch geprägt, was meine Verwandten taten. Daraus erwuchs bei mir der Wunsch, eine journalistische Laufbahn einzuschlagen.

Meine schulischen Leistungen, besonders im Fach Deutsch,

aber auch in anderen Fächern, ließen mich selbstbewusst, aber auch ehrgeizig dieses Ziel verfolgen. Neben Erfolgen in Rezitationswettstreiten und bei der Kreismathematik-Olympiade konnte ich mich in der 9. Klasse in meinen Leistungen stark verbessern. Ich erwarte den Abschluss der 10. Klasse mit dem Prädikat „sehr gut" zu machen, wenn ich weiterhin alle Reserven voll ausschöpfe.

Mit der Aufnahme in die EOS „Friedrich Engels" werde ich mich bewusst darauf konzentrieren, meine Freizeitbeschäftigungen noch mehr auf Interessengebiete zu lenken, die meiner beruflichen Entwicklung dienen. Mit großem Engagement werde ich am dort angebotenen Fakultativunterricht „Weltliteratur" teilnehmen.

In meinem jetzigen FDJ-Kollektiv habe ich auch die Aufgabe, Agitationsarbeiten zu leisten, vor allem in Form von Wandzeitungsartikeln und durch regelmäßige Kontakte zum Haus der Deutsch-Sowjetischen-Freundschaft. Um mich auf den Ehrendienst in der Nationalen Volksarmee gründlich vorzubereiten, wurde ich Mitglied der GST.

In meinem Haus leite ich seit zwei Jahren einen Jugendclub. Dort finden sehr häufig Diskussionen zu aktuell-politischen Ereignissen statt.

Ich habe den Wunsch, nach bestandenem Abitur und der Armeezeit, ein Volontariat bei einer Zeitung und ein Journalistik-Studium in Leipzig zu beginnen.

Berlin am 03.01.1987, Mark Scheppert

Tauwetter

Nach dem kommenden Superstar des DDR-Sports konnte nicht früh genug gesucht werden. Natürlich fiel auch ich nicht durch das engmaschige Netz der systematischen sportlichen Beobachtung. Bereits im Kindergarten erkannten Sichtungstrainer mein Ausnahmetalent: Sie schickten mich zum Eiskunstlaufen! Doch leider war ich dort genau das Gegenteil von graziös und anmutig. Eine zornige Trainerin brachte mich bei den ersten drei Terminen zum Weinen und beim vierten Mal wurde ich, nachdem ich beim Kurven wieder einmal tollpatschig alle rot-weißen Hütchen umgefahren hatte, aus der Trainingsgruppe geschmissen.

Danach prophezeite man mir eine äußerst erfolgreiche Schwimmkarriere. Bereits nach den ersten Sprüngen ins Becken hielt ich mich in Todesangst an der gereichten Stange fest. Ich jammerte bei jedem Schluck Chlorwasser und war auch hier nach drei Einheiten raus aus der sozialistischen Sportfördergemeinschaft.

Mein Vater, der mal Berliner Jugendmeister im Speerwerfen gewesen war, drängte mich nie, lebensbedrohliche Sportarten auszuüben, und als ich aus freien Stücken Fußballer wurde, kam er zu keinem einzigen Spiel. Er verpasste auch nichts!

Meine Mannschaft „BSG Empor Brandenburger Tor" – kurz EBT – spielte in der Nähe vom SEZ. Der linke Verteidiger war nach dem Torwart der schlechteste Spieler im Team und kickte in der Hallensaison nur in der zweiten Mannschaft. Dass ich diese traurige Gestalt war, die ohne einen einzigen Torerfolg blieb, dafür jedoch einige vermeidbare Treffer, sogar gegen die Flaschen von „Motor Ost", verschuldete, erzählte ich zu Hause nicht. Nach einem 1:7, ausgerechnet gegen Andis Truppe von „BSG Kühlautomat", beendete ich meine Laufbahn mit 14 Jahren.

Der vermeintliche Tiefpunkt folgte jedoch noch, denn nur ein Jahr später trat ich erneut einem Verein bei: einem Angelsportverein. Allerdings hatte dies andere Gründe. Der Club, welcher der Berliner Feuerwehr in Friedrichshain unterstellt war, bot mir die Möglichkeit, neben dem Angel- auch den Bootsführerschein zu erwerben.

Onkel Paul hatte mir nämlich in Karolinenhof an der Dahme zur Jugendweihe ein altes Motorboot vermacht und das wollte ich irgendwann auch fahren dürfen.

Dass ich in der Feuerwache an Übungen, wie dem Zielwerfen mit einer Angelschnur und daran befestigten Bleigewichten, teilnehmen oder in ätzender Präzisionsarbeit so genannte Garnituren für meine Stippe zusammenfummeln musste, war mir vorher jedoch nicht klar gewesen.

Torte, den ich überzeugen konnte, dass diese Scheine unseren Alltag bereichern würden, übertraf mich mit seiner ruhigen Hand schnell in allen Belangen. Lediglich in der Theorieprüfung des „Befähigungsnachweises zum Führen von Sportbooten, Fahrbereich Binnengewässer" war ich zwei Punkte besser.

Während Andi und Enno in jenem Jahr das Mopedfahren lernten, erhielten Torte und ich am 11.12.1986 den ersten (wasserfesten) Führerschein unseres Lebens.

Die eigentliche Station des Angelvereins befindet sich am Rummelsburger See. Dort, in der Nähe des Bahnhofs Ostkreuz, steht auch das Vereinshaus, eine Art Wellblechhütte, direkt an der Bucht, die von der Spree gespeist wird. Idyllisch ist es dort eigentlich nicht, obwohl hier, laut Vater, sogar Szenen des Films „Paul und Paula" gedreht worden waren und ganz früher ein so genannter „Stralauer Fischzug" auf der Halbinsel gegenüber stattgefunden haben soll.

Mittlerweile führen die VEB Stralauer Glaswerke und die Brauerei VEB Engelhardt zur einen Seite ihre Abwässer in das Gewässer und zur anderen vermutet man Rohre, durch welche die Fäkalien der Kaserne des Grenzregimentes 36 und die des Gefängnisses von Rummelsburg in die Bucht geleitet werden. Im Hintergrund sieht man die Auswürfe des Heizkraftwerkes Klingenberg.

Den See bedeckt fast immer eine ölige Schlierschicht, außer in diesem Winter, wo wir bei klirrender Kälte an einem Loch im Eis auf Klappstühlen verharren, während andere Leute mit Schlittschuhen grazile Achten laufen oder an uns vorbeigleiten.

Ich wundere mich, dass die erwachsenen Angelprofis sogar Raubfische aus dieser Brühe holen, denn ich ziehe bei Trainingseinheiten lediglich grätenreiche Bleie heraus.

Im Frühjahr fahren wir mit den Teleskopruten manchmal nach Baumschulenweg an den Britzer Zweigkanal. Auch dort ist es unschön, weil sich linkerhand die vierspurige Fahrbahn Richtung Adlergestell und gegenüber ein Friedhof befindet. Boote fahren hier keine, weil der Kanal rechts nach Westberlin führt. Nur die Fische kennen keine Grenzen und schwimmen einfach dorthin, wo es das bessere Futter gibt. Wir leben am selben Kanal, wo das gleiche Wasser fließt, und die Westler fressen alle Plötzen.

Was jedoch fetzt: Unser Verein besitzt ein großes, ausrangiertes Polizeiboot, welches in Rummelsburg vor Anker liegt und mit dem wir zu Wettkämpfen fahren. Zwar dürften wir das graublaue Geschoss aufgrund der hohen PS-Zahl erst mit 16 Jahren steuern, aber unseren stets alkoholisierten Trainer Eckerhart interessiert das eher null. Oftmals können Torte, Jörg (ein langhaariger Freak in unserem Alter) oder ich das Schiff in Richtung Müggelsee steuern, damit er in der Kajüte seinen Rausch ausschlafen kann.

So auch heute. Wir fahren während der Pfingstfeiertage am 6. Juni 1987 über die Spree und Dahme in Richtung Seddinsee, auf dem wir zwischen zwei kleinen Inseln vor Anker gehen. Morgen findet ein Wettkampf am Gosener Kanal statt, bei dem wir zu Dritt als Jugendmannschaft antreten werden. Unser Erwachsenenteam reist erst am Sonntag mit PKWs an, sodass wir Jungs mit Suffnase Eckerhart ganz allein auf dem Kahn herumschippern. Wir haben einen Grill, Holzkohle, Fleisch und Würste sowie sechs Kästen Bier mit an Bord. Da kann eigentlich wenig schief gehen.

Bei unseren Ausfahrten stelle ich immer wieder fest, wie ruhig und entspannt es auf den Wasserstraßen meiner Stadt zugeht. Auch der Seddinsee ist ein Naturparadies und die Szenerie beim Sonnenuntergang wird noch dadurch getoppt, dass uns ein nacktes Mädchen entgegengeschwommen kommt. Sie sieht von weitem wie eine Mischung aus Nscho-Tschi (Winnetous Freundin) und Shenja (aus Timurs Trupp) aus. Die schwarzhaarige Nixe mit dem schönen Hals hat eine fantastische Figur und auf ihrem perfekten Hintern zeichnet sich nicht ein Bikini-Streifen ab.

Ich muss dreimal hinschauen, um irgendwann ganz sicher zu sein, dass es Ina aus der A-Klasse ist. Die hatte mir tatsächlich mal was von der Datsche ihrer Oma und Inseln namens Dommel- und Nixenwall erzählt. Spontan springe ich mit meiner blauen

Badehose in die Fluten und brülle: „Ina, was machst du denn hier?"

Ihre großen Augen leuchten in der Abendsonne: „Hey Marki, hier badet man aber ohne Schlüppi! Habt ihr vielleicht ein Bier?" Sie klettert vor mir die kleine Leiter zum Boot hinauf und setzt sich dann lässig, noch immer splitterfasernackt, auf den grauen Plastikstuhl. Und Jörg – ist der Typ schwul oder was? – öffnet ihr ein Pils mit dem Ende seines Messers und schaut dann so, als ob ihre braungebrannten Brüste in keinster Weise existieren. Für mich ist sie gerade das erotischste Wesen auf der ganzen Welt. Trotzdem hole ich ihr ein Handtuch, da mein Schüler-Hirn recht bald eine Beziehung zu ihrer Vagina aufgebaut hat. Ich kann den Anblick nicht länger ertragen.

Mit dem Beiboot fahren wir gemeinsam zur Datsche ihrer Oma und dann (Nina ist nun wenigstens leicht bekleidet) in ein Vereinsheim, wo am Abend eine Fete stattfindet. Dort versumpfe ich dann so böse, dass ich am nächsten Morgen um 6 Uhr nicht mehr weiß, wie ich zurück aufs Schiff gekommen bin, geschweige denn, ob ich Ina geküsst oder mir einen heruntergeholt habe. Ich springe nackt in den See, in der Hoffnung, dem fantastischen Mädchen noch einmal zu begegnen.

Der Wettkampf geht natürlich in die Hose. Am Gosener Kanal werden für jeden Angler exakt fünf Meter abgesteckt. Rechts und links von mir stehen Spinner, die es mit ihrem Haferflocken-Schleim-Gemisch tatsächlich schaffen, unzählige Fische anzulocken und mir, der einfach nur die Sehne der Stippe ins Wasser wirft, einen einzigen Fang (der Barsch ist dann auch noch „untermaßig") übriglassen. Meine Null-Wertung zieht Jörg und Torte, die selbst recht wenig im Kescher haben, herunter. Wir belegen den letzten Platz, bekommen aber eine Urkunde für den „Dritten Platz beim 16. Gosener Turnier der Angeljugend 1987". Alles besser als Eiskunstlauf, Schwimmen oder Fußball. So viel steht fest.

Als ich am Abend des 7. Juni 1987 unsere Wohnung im 9. Stock an der Mollstraße betrete, sehe ich Vater entzückt am offenen Fenster stehen. „Komm mal rüber, Mark. Den Bowie hat man ja gestern fast gar nicht gehört, aber heute geht es total ab!"

Ich kann deutlich die dröhnende Stimme von Annie Lennox der „Eurythmics" vernehmen und weiß plötzlich wieder, dass sie im SFB und RIAS seit Tagen die Konzerte am Brandenburger Tor zur 750-Jahr-Feier im Radio beworben haben.

‚Scheiße', denke ich, ‚meine Jungs sind bestimmt unterwegs', denn die Band aus Großbritannien ist wegen der tollen blonden Sängerin seit jeher bei uns beliebt. Das wirklich Krasse: Ich kann „Thorn in My Side" in der Mollstraße so laut hören, als stünde die Band mit riesigen Boxen direkt am Leninplatz. Ich eile hinunter in den Alfclub und stelle ernüchtert fest: All meine Vögelchen sind ausgeflogen.

Erst am nächsten Tag erfahre ich, dass tatsächlich fast alle beim Konzert gewesen waren. Unter den Linden und vor dem Brandenburger Tor war es zu regelrechten Ausschreitungen gekommen. Andi, der „Freundschaft zur Sowjet-UNION" gebrüllt haben soll, hatte von Vopos einen Knüppel vor den Kopf bekommen und Bommel nur deshalb nicht, weil er so klein ist. Er wurde lediglich an den Haarspitzen gestreift.

Die Truppe um Billy, Rambow und Svensen hatte wohl richtig Stress gemacht, mit Sprüchen wie: „Die Mauer muss weg. F-C-U", oder: „Hertha und Union – eine Nation". Dafür hatten sie Schläge und Tritte von den Volkspolizisten, bevorzugt in den Bauch, kassiert. Ich ärgere mich trotzdem, nicht mit dabei gewesen zu sein.

Aber heute ist ja Pfingstmontag und es spielt „Genesis". Als ich mit den Jungs aus dem S-Bahnhof Friedrichstraße trete, treffen wir auf die geballte Staatsmacht. Bereitschaftspolizisten und eindeutige Typen in Zivil sperren die Zufahrtsstraßen in Richtung Brandenburger Tor mit einem langen Seil ab. Bergi murmelt: „Gestern sind wir viel weiter gekommen", während Phil Collins im Hintergrund gerade „This Is The Land Of Confusion" in den gemeinsamen Berliner Nachthimmel grölt. Hinter uns beginnen Typen leere Bierpullen in Richtung der Polizeiketten zu werfen und etliche skandieren: „Bullen raus!" und „Gorbatschow, Gorbatschow!"

„Achtung, Achtung! Bürger, hier spricht die Deutsche Volkspolizei! Verlassen Sie unverzüglich das Gebiet und begeben Sie sich nach Hause!", schallt es plötzlich von der anderen Seite aus einem Megafon. Eine so bedrohliche Situation habe ich noch nie zuvor in meinem Land erlebt. Letztendlich verzichten Bommel, Bergi, Andi und ich darauf, die Straßensperren – ohne in eine Ausweiskontrolle zu geraten – zu umgehen, nur um „Genesis" ein wenig näher zu kommen. Phil ist eben nicht Annie, zumal sich heute auch etliche Verkäuferinnen mit Dauerwellen zusammengerottet haben. „Erster Preis: 10 Jahre Winterurlaub in Sibirien", tönt Bergi und spielt damit darauf an, was uns blühen wird, wenn wir verhaftet werden.

Als Motorengeräusche von Armeelastern ertönen, verdrücken wir uns lieber in den Alfclub. Andi zieht eine TDK aus dem orangefarbenen Kassettenkarussell und legt ein Mix-Tape ein, auf der auch einige Songs der „Eurythmics" drauf sind. „Berlin ist echt 'ne Wolke", sagt Bommel.

Auf einmal habe ich ein Gefühl, welches ich diesen Winter zuletzt verspürt habe. Beim Angeln auf dem zugefrorenen Rummelsburger See war das Eis an einem Tag in der klaren Wintersonne plötzlich brüchig geworden. Tauwetter hatte eingesetzt. Es war regelrecht warm geworden und Vögel zwitscherten in den kahlen Pappeln.

Doch statt panischer Angst davor, einzubrechen und dann von unten gegen die dicken Schollen zu klopfen, empfand ich unbändige Freude. Darüber, dass dieses bescheuerte Eisangeln vorbei war und nun endlich wieder Frühling wird, aber auch, dass ich nicht doch noch Schlittschuhe von Mutter geschenkt bekommen hatte.

Heute, obwohl der Sommer kurz bevorsteht, habe ich bis in die Fingerspitzen das Gespür einer Tauwetterlage, die gerade von West- nach Ostberlin gezogen ist. Ich glaube, dass wir nun noch viel öfter am Brandenburger Tor extrem kuhle Sachen zu hören bekommen werden – irgendwann vielleicht sogar auf unserer Seite der Mauer.

Freund Bommel

Am 16. September 1987 haben wir Einführung in die Sozialistische Produktion in der Berufsschule gegenüber vom Knast in Rummelsburg. Danach müssen wir mit der uralten Straßenbahn und dann weiter mit dem Bus an den Ostbahnhof fahren. Dort findet seit der 10. Klasse die Praktische Arbeit statt, die uns vorher noch im hiesigen VEB – mit der Produktion von Wäscheständern für den Export – auferlegt wurde.

Die relativ lange Mittagspause zwischen ESP und PA nutzten wir damals immer zu einem Trip an den Bahnhof Ostkreuz. Die Gegend war zwar duster und die Häuser arg verfallen – eine regelrechte Assi-Gegend, wo viele Ex-Knackis wohnten und solche, die es noch werden wollten – aber es gab dort eben auch eine Bude, wo sie die besten Hackepeter-Schrippen der Welt verkauften.

Spät abends sollte man um den räudigen Umsteigebahnhof einen Bogen machen oder sich zumindest als HSV- oder Gladbach-Fan ausgeben, falls man nach seinem Team gefragt wird. Hier befindet sich nämlich eine unsichtbare Grenze, wo Unioner und BFCer oftmals „rein zufällig" aufeinandertreffen, um sich gegenseitig die Fresse zu polieren oder mit Bierflaschen einen Scheitel zu ziehen – bevor die Vopo oder Trapo in der Regel eingreift. Gegen Fans von Westclubs haben die Schläger auf beiden Seiten meistens nichts auszusetzen. Und die Volks- und Transportpolizei eigentlich auch nicht.

Auf dem Rückweg riskierten wir früher stets eine große Lippe vor den Rummelsburg-Knastis, die uns aus den oberen Zellen extrem versaute Dinge zubrüllten. Tessi kaufte einmal sogar eine Tartar-Schrippe mit extra viel Zwiebeln, um sie in der Hauptstraße, gegenüber der Männerhaftanstalt, auf die Straßenbahngleise zu legen, bis die Tram sie zerquetschte. „Du dumme Fettfresse, wir kommen gleich runter, du verficktes Speckmonster", riefen sie von oben, doch das Risiko, dass sie meinen pummeligen Freund mit tropfendem Mund in die tätowierten Finger bekamen, hielt sich in Grenzen, da uns eine hohe Mauer und stabile Gitterstäbe trennten.

Die Verlagerung unserer produktiven Arbeitsstätte geht einher mit dem Wechsel in die Gutenberg-Stube am Ostbahnhof. Unser Motto heißt nun: „Vor der Arbeit das Vergnügen", wobei wir nunmehr nicht mehr zum Speisen kommen. Wir reiten also auch diesen Mittwoch gegen 12 Uhr in unsere „Tränke" ein und versuchen, unseren Rekord im Sturz-Saufen eines halben Liters zu toppen. Tortes derzeitiger Weltrekord liegt bei handgestoppten 3,5 Sekunden.

Das Etablissement mit den uringelben Tapeten befindet sich im Parterre eines Zwanziggeschossers und bewirtet zu dieser Zeit durstige Schlosser, Elektroinstallateure und Maurer unseres Landes, die beim Kommen einmal kurz mit den Knöcheln ihrer Hand auf unseren Tisch klopfen. Seit neuestem betrinken also auch wir uns schon zur Mittagszeit im Schlaraffenland der Alkoholiker.

Diesmal beschließen wir – nach drei Halben zu 1,02 Mark – spontan, ins benachbarte Centrum-Warenhaus einzufallen: zum Wettklauen. Das Spiel ist an keine großen Bedingungen geknüpft. Jeder von uns kann stehlen, was ihm zwischen die Finger kommt, und den Sieger küren wir dann per Abstimmung.

Außer sich, berichtet Bergi danach auf dem Parkplatz des Warenhauses, dass er Lars, dieses Arschloch, beim Kauf eines Taschenmessers beobachtet hat. Er hatte dies aber nicht als Vorwand für einen größeren Diebstahl genutzt, sondern wirklich nur dieses Ding gekauft. „Das war ein Klau- und kein Kaufwettbewerb", sage ich kühl, als Lars sich vor uns aufstellt und stolz erläutert, wie er das Ding angeblich gestohlen hatte. Doch er hat keine andere Wahl: Er muss verschwinden. Alle anderen haben sich mehr Mühe gegeben und große sportliche Erfolge erzielt – mal ohne und mal mit der Verbindung eines Vorwand-Kaufes.

Bommel kommt mit ein paar Stoffidas in Kindergröße, Tessi mit einem Kaffeeservice für sechs Personen und Andi schnaufend mit einigen Metern Auslegeware aus dem Warenhaus gewankt. Ich habe vier Fahrbahnelemente der Autorennbahn Prefo gestohlen. Eigentlich jeder hat etwas Schönes mitgehen lassen und so diskutieren wir kontrovers, wer der König der Diebe des Jahres 1987 wird. Alle verteidigen ihr Ergebnis und rechnen Größe und Wert gegeneinander auf. Nur Torte fehlt noch und wir fragen uns schon, ob er womöglich erwischt worden ist.

Plötzlich verstummen alle: Ein riesiger Braunbär kommt langsam auf uns zugewankt. Beim genaueren Hinsehen erkennen wir, dass es kein Mensch in einem Tierkostüm ist. Der fast zwei Meter große Stoffteddy hängt mit den Füßen in der Luft und wird von einer nicht sichtbaren Person in unsere Richtung gewuchtet. Das ulkige Vieh hat eine Schürze um den Bauch und eine goldene Krone auf dem Kopf – es ist die übergroße Stofftierversion des Berliner 750-Jahr-Jubiläums-Bären, die bis vor wenigen Minuten noch an den Rolltreppen zur 1. Etage gestanden hat. Plötzlich kippt das Monster nach vorn um. Verschwitzt und mit breitem Grinsen kommt Torte dahinter zum Vorschein. „Mächtig gewaltig, Egon!", brüllt Bommel in Anlehnung an die extrem kuhlen Olsenbanden-Filme.

Torte hat noch immer eine völlig andere Klau-Taktik als ich. In den Kaufhallen füllt er sich die Einkaufswagen immer randvoll, spaziert damit in aller Seelenruhe an der Seite der Kassen vorbei und packt das Zeug am Ausgang lässig ein. Im Centrum Warenhaus hat er den XXL-Teddybär wahrscheinlich einfach angehoben und ist dann wortlos mit ihm herausmarschiert. Einfach so, bevor jemand anfängt, sich einen Schädel zu machen. „Ist ja alles Volkseigentum", hatte er mir mal gesteckt.

In diesem Moment sind natürlich alle Diskussionen überflüssig. Wir wissen, wer heute gewonnen hat. Die Anerkennungsrufe und Lobeshymnen wollen lange nicht verstummen. Keiner außer mir kann sich erklären, wie Torte eine zwei Meter hohe Puppe unbemerkt aus dem Kaufhaus geschmuggelt hat. Wir lachen Tränen und taufen unseren dicken, kuscheligen Teddy Egon. Doch irgendwie will keiner das Riesending behalten. Wir können den Bären ja nicht einfach zu Hause auf die Wohnzimmercouch setzen und sagen: „Hab ich bei der Tombola gewonnen", oder: „Den hat die Oma geschickt." Außerdem würde sich früher oder später jemand verquatschen. Wir haben keine andere Wahl: Egon muss verschwinden. Aber wie? Nicht mal die vorbeilaufenden zehnjährigen Mädchen wollen ihn als Geschenk annehmen. Sie glotzen uns an, als hätten wir ihnen Kippen und Bier angeboten.
Wir schleppen den Bären schließlich zum Ostbahnhof auf Gleis 2 und setzen ihn in die S-Bahn in Richtung Straußberg. Gemeinsam stehen wir auf dem Bahnsteig und winken unserem pelzigen Freund bei Ausfahrt des Zuges hinterher.
Bei zwei Frischbieren in der Mitropa erzählt Tessi einen Witz: Ein Sachsen-Heini fragt am Ostbahnhof: „Wo ist denn hier das

Kaufhaus PRINZIP?" „Jibt es hier nich!", antwortet der Berliner genervt. „Doch, das muss es hier geben. Genosse Erich Honecker hat gesagt, dass es im PRINZIP alles zu kaufen gibt!" Wir grinsen und torkeln zur Praktischen Arbeit – PA.

Heute teilt man mir eine Maschine zu, an der ich per Dampfdruck permanent kleine, metallene Ringe stumpfsinnig ausstanzen soll. Das kann selbst ich tollpatschiger Idiot ganz gut bewältigen – sollte man meinen. Doch Herr Scheppert hat in seinem angetrunkenen Zustand leider vergessen, die wichtige Unterlegscheibe auf die Arbeitsfläche der Werkbank zu legen. Ich stanze also im Akkord wie Adolf Hennecke, schaue auf das Banner „Mein Arbeitsplatz, Kampfplatz für den Frieden" und lausche dabei der Musik aus dem hiesigen Kofferradio. Plötzlich gibt es einen gewaltigen, funkenden Knall, und direkt vor meinen Augen fliegt irgendetwas durch die Montagehalle. Ich ducke mich und wenig später kommt die große Maschine mit der stolzen Aufschrift „Made in GDR" zum Stillstand.

In meiner Abteilung lege ich für diesen Nachmittag die komplette Produktion lahm, denn ein Teil des herumfliegenden Bohrkopfes hat sich in den jetzt stark blutenden Oberarm eines fluchenden VEB-Mitarbeiters gebohrt. Das gesamte Kollektiv steht besorgt um ihn herum und starrt mich grimmig an. Ich entschuldige mich kleinlaut. Auch beim Vorgesetzten Herrn Meier, der mich minutenlang anschreit, ob ich eine Ahnung davon hätte, wie viel diese Maschine kostet und ob mutwillige Zerstörung von Volkseigentum heutzutage an unseren Schulen gelehrt wird.

Zu allem Überfluss hat die dickbäuchige Kollegin in der blauen Schürze, die mich eingearbeitet hat, auch noch gepetzt, dass ich irgendwie nach Alkohol rieche.

Mir wird schwindelig: „Unter alkoholischem Einfluss eine über 30.000 Mark teure volkseigene Maschine mutwillig zerstört und dabei den Mitarbeiter Hufschmidt lebensgefährlich verletzt", lese ich bereits in Gedanken in Herrn Meiers Bericht. Meine mir bereits zugesicherte Abiturzulassung kann ich mir mit so einer Geschichte komplett abschminken, denn ich lebe in einem Land, in dem es heißt, wenn du jenes getan hast, kannst du dieses niemals werden.

Als er mich nach meinem Namen fragt, stelle ich mir bereits ein Leben als Werkzeugmacher, Feinblechner oder Melker vor.

„Ihren Namen möchte ich wissen!", schreit er ein zweites Mal. „Uwe Bommler", antworte ich spontan. Der Meier ist an diesem Tag zum allerersten Mal Oberaufseher, er kennt meinen Namen nicht und schreibt den von mir genannten in seinen Bericht an meine Schule.

Ich werde rausgeschmissen und warte über zwei Stunden vor dem Werkstor auf meine Freunde Bergi, Tessi, Andi, Torte und Bommel. Mit zittriger Stimme erzähle ich ihnen, was geschehen ist, und schaue vor allem ängstlich ins Gesicht des kleinen Bommel – des wahren Uwe Bommler, dessen Namen ich mir kurzerhand ausgeliehen habe. Schon auf dem Nachhausewege klopft er mir ermunternd auf die Schulter: „Mensch, mach dir mal keine Sorgen, Scheppi, ich hab meine Stelle bei NARVA doch total sicher. Dort will ja eh keiner hin, weißte doch." Eine halbe Stunde später sitzen wir im Alfclub und prosten uns zu. Ich lehne mich zurück und denke gerührt, was für fantastische Freunde ich habe. Mehr braucht man im Leben eigentlich nicht.

Bommel wird am Donnerstag zur Direktorin gerufen. Ohne zu diskutieren, verurteilt sie seine Tat und gibt ihm den ihm zustehenden Tadel. Was er sich denn dabei gedacht habe, wo er doch Werkzeugmacher werden will?

Mein Freund entschuldigt sich kleinlaut und erwähnt mich mit keinem einzigen Wort. Er weiß, dass er mir damit uneigennützig den Abiturplatz gerettet hat, und ich ahne zum ersten Mal, dass wir ein Land mit Menschen voller Edelmut sind. Es gibt anscheinend viel mehr Leute, die sich schützend vor einen stellen, als jene, die einen verpfeifen. Danke, lieber Bommel!

Sportskanonen

Die 2. POS Käte Duncker hat ein Problem, denn eine Sache ist nicht zu begreifen: Unsere verhasste Nachbarschule „Rosa Luxemburg" holt bei fast allen sportlichen Veranstaltungen im Stadtbezirk Friedrichshain erste Plätze, Jahrgang für Jahrgang – und unsere Schule: nichts, null, nüscht! Als ob sie uns direkt nach dem Kindergarten eingeteilt hätten: Du Sportskanone in die „Rosa" und du ungelenke Flasche in die „Käte"! Seit Jahrzehnten verbindet uns eine natürliche Feindschaft.

Unser Sportlehrer, Herr Pinka, hat neben den miserablen Ergebnissen noch ein zweites Handicap: Es will bald niemand mehr bei den Stadtbezirksmeisterschaften antreten und 74. werden. Um uns die prestigeträchtige 3.000-Meter-Cross-Strecke schmackhaft zu machen, gibt er allen Schülern, die dort mitlaufen, automatisch eine Eins in dieser Disziplin ins Klassenbuch – ohne Zeitvorgabe.

So kommt es, dass er am 4. März 1988 für diese lange Strecke, anders als beim BZA-Lauf, eine große Zahl Schüler in allen Altersklassen an den Start schicken kann und sein Soll somit deutlich übererfüllt. Der Lauf findet bei kühlen Temperaturen rund um den Ententeich im Volkspark Friedrichshain statt und es kommen, wie jedes Jahr, zahlreiche Zuschauer zu diesem Großereignis. Neben Eltern und diversen Lehrern versammeln sich stets auch eifersüchtig konkurrierende Cliquen an der Strecke.

Da ich nun in der 10. Klasse bin, trabe ich nur langsam um den Teich, halte mit Andi, Torte, Bergi und den Jungs aus der A hinter Büschen, rauche einen Zug oder trinke einen Schluck vom von Tessi gereichten Bier – extrem lässig muss man sein. Besonders mit Enno versuche ich mich in Kuhlness regelrecht zu überbieten.

Seit dem GST-Lager am Ende der 9. Klasse sind wir Freunde. Beim Dreikampf um den stärksten Schüler des Wehrlagers hatten wir uns ein episches Duell geliefert.

Nach den Liegestützen (beide 60 in einer Minute) und Barrenstützen (jeweils 42) lagen wir gleichauf und bis heute glaube ich, dass er beim Klimmzugwettkampf (je 30 Stück) einfach auf einen Zug verzichtet hat, da er als ehemaliger Ringer den Aufschwung eigentlich viel besser konnte. So gewannen wir beide.

Aber auch mit den anderen Jungs aus der A-Klasse verstehe ich mich seit dem Lager bestens, da wir uns zusammen eine enge Baracke geteilt, die Kleinen und Schwachen stets in Schutz genommen und in den Wäldern fast immer Baseball nach Brennball-Regeln mit dem begeisterten sächsischen Unteroffizier gespielt hatten.

Ohne einen einzigen vergossenen Schweißtropfen bringen wir den Lauf in einer halben Stunde hinter uns und warten gespannt auf die jüngeren Klassen. Enno zündet zwei Zigaretten an und steckt mir eine davon in den Mund. Als die Achtklässler an uns vorbeirauschen, lachen wir uns kaputt. Die nehmen das noch entschieden ernster. Als Letzter von etwa 80 Kindern kommt Benny um die Kurve gekrochen. Er läuft, um Eindruck zu schinden, ähnlich wie seine große Atze aufreizend langsam. Ich lächele stolz und Bommel ruft: „Nun mach aber erstmal ein Päuschen, Ben Johnson."

Die beiden sind, trotz des Altersunterschiedes, ein Herz und eine Seele. Als wir zu Dritt mal im Tierpark gewesen waren, konnten sie jedes Tier in jedem Gehege, ohne vorher auf die Schilder zu schauen, wie Professor Dr. Dr. Heinrich Dathe benennen – mit Herkunftskontinent! Auf dieser Tour fragte ich Benny und Bommel auch, welches Tier sie gerne sein würden. Sie antworteten beide unabhängig voneinander: Okapi. Da wurde mir einiges klar. Als sie sich dann auch noch vor Lachen bepissten, weil sie in einer Mutprobe von einem Zebra in die Hand gebissen wurden, ahnte ich, dass sie auch ohne mich öfter mal gemeinsam nach Friedrichsfelde fahren werden.
Wer meinen Bruder mag, ist mein Freund. Bommel sowieso!

Als der Führende seines Laufes ein zweites Mal vorbeirauscht, schreit Bommel: „Nun aber los, Flitzepiepel, gib Vollgas!", und schickt Benny wieder auf die Reise. Er wird gerade zum zweiten Mal überrundet. Um ihm die Schmach zu ersparen, einsame Runden allein zu laufen, feuern auch wir ihn mit markigen Sprüchen an. Er versteht den Scherz und legt einen ordentlichen Zwischenspurt ein.
Es kann doch wirklich niemand ahnen, dass er den gestählten und vollkommen überraschten Athleten der „Rosa" im Höllentempo überholt. Unser Jubel, Bommels Kreischen und die

dramatisch hetzenden Jungs scheinen die Kampfrichter so zu beeindrucken, dass sie meinen Bruder für den Gesamtführenden halten und ihn in Richtung Ziel einweisen. Mit letzter Kraft stolpert er in das rote Zielband. Alle sind außer sich vor Freude und stürmen schreiend den Auslaufbereich. Euphorisch werfen wir unseren schelmisch grinsenden Sieger in die Lüfte.

Unsere Schule hat endlich einen Champion, wir sind wieder wer in Friedrichshain! Auch Herr Pinka kann sein Glück kaum fassen. Benny Scheppert, der schnellste Achtklässler des Stadtbezirks, ist der neue Held unseres Sportlehrers und wird von ihm sogleich zur Spartakiade der Besten von ganz Berlin delegiert. Autsch!

Am Montag darauf schleppe ich mich um 7 Uhr zum Sportunterricht, der zur nullten Stunde in der Turnhalle beginnt. Im Prinzip ist das in Ordnung, weil man den Suff des Wochenendes gleich ausschwitzen kann, allerdings nicht nach nur fünf Stunden Schlaf, denn der Alfclub-Sonntag war hart gewesen.

Heute bin ich so geplättet, dass ich vor Müdigkeit fast nach vorne umkippe. Ich lege mich nach dem Umziehen in den Geräteraum auf eine dicke Bodenturnmatte, decke mich mit einer anderen zu – und penne in diesem ungemütlichen Sandwich ein. Bommel weckt mich nach zehn Minuten mit feuchten Augen. „Das Bild werde ich nie vergessen. Davon werde ich noch meinen Enkeln erzählen."

Die Klasse habe Tränen vergossen – erzählte er mir –, weil sie beim Antreten zum „Sport frei" alle auf den schnarchenden Blondschopf zwischen den Matten starren mussten, während Sportlehrer Pinka mit dem Rücken zu mir fragte: „Was ist denn hier so lustig?" Tessi hatte spontan einen Witz zum Besten gegeben: „Genosse Honecker verspricht Katarina Witt, einen Wunsch zu erfüllen. Öffnen Sie bitte für einen Tag die Mauer, sagt die Eisfee und der Staatsratsvorsitzende antwortet: Du kleines Luder. Willst wohl mit mir mal ganz allein sein?" Alle hatten herzlich gelacht und selbst der Pinka geschmunzelt. Bei ihm kann Tessi sowas bringen.

Kurz danach gehe ich zu ihm und entschuldige meine Verspätung. Er hatte mich nicht entdeckt und trägt mich als anwesend nach. Dann laufen wir zu den anderen, die bereits vor dem Reck stehen. ‚Mit 1,5 Promille im Turm fetzt das Gerät ja besonders ein', denke ich. Ausgerechnet heute ist eine Leistungskontrolle, aber eigentlich muss man für eine Zwei nur den Felgaufschwung, einen Hüftumschwung vorwärts und den Unterschwung als Abgang können. Für ein Eins erwartet unser drahtiger Turnlehrer wahrscheinlich die Tkatschow-Grätsche oder den Gienger-Salto, denn diese Note wurde von ihm noch nie vergeben.

Ich stelle mich hinten an und beobachte derweil unsere reizende Damenriege, die heute am Schwebebalken zugange ist. Da die Mädchen seit der 10. Klasse keine einheitliche Sportkleidung mehr tragen wollen, haben einige ärmellose Shirts an, wo man die Bewaldung unter den Achseln begutachten kann. Dazu tragen sie hautenge Leggings, an denen sich die Pflaume deutlich abzeichnet. Andere hingegen stehen auf weite Blusen, aus welchen öfter mal die Brüste herauspurzeln. Besonders die Standwaage an diesem Gerät bietet sich dazu an, ihnen etwas „abzuschauen", wie wir als Kinder immer sagten.

„Sag mal, hat die Karen in den Ferien beim VEB Dauermilchwerk gearbeitet? Was für Euter!", flüstert mir Martin aus der A zu, während ich sie gerade beim Strecksprung begutachte und so was Ähnliches denke. „Mark, nun glotz da nicht so hin", reist mich Herr Pinka aus den Träumen, und zwar so laut, dass alle Mädels zu dem Spanner rüber schauen. Dann bin ich an der Reihe. Doch blaue Hoden, Abschürfungen und umgeknickte Knöchel hatte ich mir schon in der 8. Klasse geholt und beherrsche das Reck mittlerweile so gut, dass ich mich nicht blamiere.

Dann geht es zum gemeinsamen Duschen mit den Klassenkameradinnen. Natürlich nicht! Das ist nur ein Wunschtraum, der während der letzten Minuten entstanden ist.

Dafür stellt mir Enno im Umkleideraum von hinten die Beine, sodass ich mit meinem Kinn auf eine der Holzbänke krache. Man darf diesem Typen nie lange den Rücken zeigen. Ich blute wie Sau und stürze mich wutentbrannt auf ihn. Nein, auch das geschieht heute nicht. Es war in der 7ten passiert und mein Riss musste mit etlichen Stichen im Krankenhaus Friedrichshain genäht werden.

Aber vielleicht war das auch der Grund für Ennos verweigerten Klimmzug im GST-Lager, denn nach unserer damaligen Kabbelei sah auch er wie ein Unfallopfer aus und hatte seither einen gewissen Respekt vor mir. Ich war ihm ebenbürtig gewesen und trage seitdem eine fette Narbe im Gesicht zur Schau.

Tanzender Goldbär

Zur ersten regulären Stunde müssen wir ins Chemielabor. Herr von Göhler scheint der „Feuerzangenbowle" entsprungen zu sein. Ein Lehrer, wie aus einer anderen Zeit, der mit Professor Crey sogar gewisse Ähnlichkeiten hat. Er ist auch sonst ein komischer Kauz. Als Mitglied der Blockpartei CDU lässt er ganz offen Spitzen über die SED und deren greises Führungspersonal los und schert sich einen feuchten Kehricht um gesellschaftspolitische Veranstaltungen in unserer Schule. Ein ganz so schrulliger Lehrer wie besagter Gymnasialprofessor, alias „Schnauz", ist er jedoch nicht – eher ein Zyniker, der eine durchaus gemütsvolle Seite hat.

Im ersten Halbjahr der 10. Klasse bekamen Andi und ich in Chemie drei Fünfen in Folge. Und weil dies unsere ersten Noten gewesen waren, wurde das sogar auf dem Elternabend debattiert. Danach beorderte er uns („Schwachköpfe") von der letzten Bank in die erste Reihe und warf seitdem ein besonderes Auge auf seine zwei Schützlinge (diese „Trottel"). Die nächsten Zensuren waren dann Bestnoten, weil wir uns nun tatsächlich Mühe gaben, chemische Reaktionen zu begreifen oder das Periodensystem auswendig zu lernen.

Zum Halbjahr sind wir bei einem Schnitt von Drei angelangt. Wir mögen seine Art, seinen trockenen Humor und sicher drückt er auch mal das eine oder andere Auge bei unserer Bewertung zu, weil er seine Spezis (die „Vollpfosten") wahrscheinlich ein bisschen ins Herz geschlossen hat. Bei fast all seinen Experimenten muss einer von uns assistieren.

So auch heute. „Andreas, komm mal nach vorn und setz dir gleich die Schutzbrille auf, du Überflieger!" Auch Lederhandschuhe, ein Messer und eine Kerze liegen für ihn bereit. „Schneid mal Wachs von der Kerze ab und fülle es in dieses Reagenzglas, ohne dich gleich wieder lebensgefährlich zu verletzen." Andi rollt dramatisch mit den Augen und greift nach der Brille. „Die kannst du später aufsetzen. Hässlich bist du auch so." Die Klasse lacht nur verhalten, weil ihm die Brille vermutlich sogar steht.

Ich amüsiere mich jedoch köstlich, weil meinem Freund das Sonntagsgelage noch in den Knochen steckt und er merklich zittert. „Halbvoll, habe ich gesagt, du Hirni", brüllt von Göhler, was

Andi dazu animiert, das Wachs komplett wieder auszuschütten. Nach fünf Versuchen hat er es endlich halbwegs geschafft. Unser Lehrer entzündet die Bunsenbrenner und reicht ihm einen Reagenzglashalter. „Erhitze das Wachs so lange, bis es zu sieden beginnt. Wenn es soweit ist, tauchst du es schnell in dieses Becherglas, das mit kaltem Wasser gefüllt ist. Kapiert?" Er nickt und schwenkt das Reagenzglas über der Flamme hin und her „Tiefer!", brüllt von Göhler.

Das Kerzenwachs färbt sich beim Schmelzen leicht gelblich, bevor es sich ganz verflüssigt. „Jetzt!" Im richtigen Augenblick taucht mein Freund das kleine Glas blitzschnell ins große. „Bumm!", brüllt der Lehrer hocherfreut, denn das Reagenzglas zerspringt, eine riesige Wasser-Wachsdampf-Wolke spritzt heraus und entzündet sich von selbst. Dabei entsteht ein Feuerball, der Teile von Andis schwarzer Haarpracht in Brand setzt. Von Göhler löscht sie routiniert mit einem Handtuch und jubelt: „Was für eine Verbrennungsreaktion!"

Bommel liegt mal wieder vor Lachen unter dem Tisch. Unser Kumpel sieht mit dem rußigen Gesicht, den verkohlten Haaren und der komischen Brille derart bescheuert aus, dass sogar der Chemielehrer verschämt in sich hineinzulachen scheint und murmelt: „Sehr gut gemacht, Andreas. Eins, setzen." Er fragt ihn nicht einmal, was da überhaupt für eine Reaktion stattgefunden hat.

Ich klatsche bei seiner Rückkehr mit ihm ab, doch von vorne schallt es: „Nicht zurücklehnen, Herr Scheppert. Komm mal hoch." ‚Mistkacke', denke ich, als er auch mir Handschuhe und Schutzbrille in die Hand drückt. „Schon mal was vom tanzenden Gummibärchen gehört, du Chemie-Ass?" Ich schüttele den Kopf, während er der Klasse erklärt, dass der Proband nun etwa 10 Gramm Kaliumchlorat in einem Reagenzglas erhitzen und zum Schmelzen bringen wird. „Dann wird der Mark dieses Gummibärchen ins Glas werfen." „Ist ein Goldbär von Haribo", flüstert er mir ins Ohr. Er will mir damit anscheinend zu verstehen geben, dass dieser Versuch mit DDR-Fruchtgummitieren nahezu unmöglich ist.

Ich stelle mich nicht extrem dämlich an. Das goldfarbene Ding verbrennt sofort zischend und laut brummend unter lustigen Tanzeinlagen in einer bläulich-violetten Farbe. „Und, Mark? Was stellst du fest?"

„Das Gummibärchen ist brummend und unter heftigen Tanz-
bewegungen in einer bläulich-violetten Farbe unter Feuerer-
scheinung verbrannt", antworte ich. Von Göhler grinst und
nuschelt: „Gut beobachtet, aber da das Auswertungsergebnis
nicht exakt erläutert wurde, kann ich dir nur eine 2 geben."
Als ich an meinem Platz zurückkehre, ereifern sich Sabine und
Lars über die Reaktion des Kaliumchlorats mit dem Bärchen
aus Gelee. Unser Lehrer deutet auf mich und ruft: „Die kannst
du übrigens absetzen, du hässlicher Brillenbär." Andi versucht
mir einen roten Gummi ins Gesicht zu schnipsen. Ich habe noch
immer die Schutzbrille auf.

Zu Biologie wechseln wir in die erste Etage. Frau Mainzer
macht okayen Unterricht, wobei sie oftmals ein wenig zu für-
sorglich ist. An Elternabenden gibt sie mit besorgter Miene auch
Fehltage und mangelhaftes Betragen an unsere Alten weiter. Wir
müssen uns hier ein wenig zusammenreißen und verbringen die
Stunde im leichten Dämmerzustand. Morgen, am internationalen Frauentag, soll ich ihr Blumen aus unserem Garten mitbrin-
gen. Eine Schwachsinnsidee meiner Mutter – ich bin doch kein
pickliger Jungpionier mehr!
Eigentlich könnten wir in Bio am ehesten schwänzen, weil die
Mainzer nur aus dem Lehrbuch der 10. Klasse vorliest oder eng-
bekritzelte Folien auf dem silbergrauen Polylux zeigt. Man muss
das dort Geschriebene bei Prüfungen lediglich auswendig lernen
und wortwörtlich niederschreiben. Ein ideales Fach für einige
unserer zartfarbigen Mädchen, die unter der Woche – während
wir uns die Hucke volllaufen lassen – bis zum Erbrechen lernen,
lernen und nochmals lernen.
Wir haben zudem, wie kleine Abc-Schützen, ein Bestimmungs-
buch zu führen. Der Unterschied zu früher besteht darin, dass
wir die Pflanzen nicht mehr auf Exkursionen sammeln, sondern
von ihr überreicht bekommen und zusätzlich den lateinischen
Namen vermerken müssen. Dieser ganze Mist, wie Kastanien-
blätter zwischen hellrotem Löschpapier trocknen und in einen
Block aus holzfreiem Papier mit Klebestreifen befestigen, bleibt
jedoch so, wie wir es in der 2. Klasse gelernt hatten.
Ausgerechnet heute haben wir eine unangekündigte Leistungskontrolle. Ich kriege bei fast jeder Frage – trotz versuchten
Spickens bei Sabine – nur 7 von geforderten 10 Stichpunkten
zusammen. Wird sicher eine Drei. Andi, der lernfaule Hund,

grinst mich beim Pausenklingeln an. Er sitzt in Biologie neben Uta – und die stellt sich beim Abschreibenlassen nicht so an. Wahrscheinlich weil sie den Geruch verkohlter Haare mag. Was weiß ich.

Endlich ist Frühstückspause, die seit einiger Zeit mit den Jungs von der A vor der Büsching-Kaufhalle stattfindet. Irgendwie wollen sich die Fraggles aus der Parallelklasse mittlerweile an Kuhlness überbieten. Nach der zweiten Stunde ist das hart, aber heute zischen Andi, Bommel, Bergi und ich auch ein Zwischenbier mit den Trinker-Kunden, für die das seit Wochen – in Verbindung mit einem Hieb aus der Pfeffi-Flasche – zum Ritual geworden ist. Danach haben wir ja nur Physik.

Und das ist unser Glück, denn im Gegensatz zum verhassten Mathelehrer Blase ist der alte Herr Kopftisch, um auf die Feuerzangenbowle zurückzukommen, ein Abbild des dortigen Professors Bömmel. Er setzt sich stöhnend an den Lehrertisch und liest Zeitschriften, während er uns Aufgaben aus dem Physikbuch lösen lässt – für die es natürlich ein Lösungsbuch gibt, welches im Umlauf ist. Bei Prüfungen können wir sogar aufstehen und an die Tische der Streber gehen, ohne dass er es registriert. Einfacher ist es, die Lösungen bei den Schnellschreibern einfach abzukupfern und beide Arbeiten dann vorn auf seinem Pult abzulegen. Vor einer möglichen mündlichen Abschlussprüfung ist mir somit keine Bange, weil ich wahrscheinlich mit der Vornote 2 ins Rennen gehen werde und mir dort dann selbst eine 5 leisten kann.

In Mathe stehe ich derzeit bei einem Schnitt von 3,5, da der Blase mich total auf dem Kieker hat. Irgendein Arschloch hatte gepetzt, dass ich beim Abschlussstreich unseres Vorgängerjahrgangs mit dabei gewesen sei, als bei seinem Skoda sämtliche Räder abmontiert wurden und der schicke Wagen nach Schulschluss auf weißen Ziegelsteinen parkte. Er kann es nicht beweisen, aber die schriftliche Prüfung in Mathe am Schuljahresende ist obligatorisch. Das wird hart!

Beim Kopftisch entwickele ich mit meinen Jungs die tollsten Spiele. Ich habe von Vater eine Stoppuhr (wie sie Sportlehrer benutzen) abgestaubt und so duellieren wir uns gerne im Radiergummi-Spiel. Dabei muss man den rechteckigen Gummi schnellstmöglich, indem er permanent auf dem Tisch gewendet wird, von einer Tischseite zur anderen bewegen. Weltrekord 12,8 Sekunden!

Auch das Taschenrechner-Spiel fetzt ein. Hier müssen wir 1 x 2 x 3 x 4 x 5 x 6 x 7 x 8 x 9 x 10 x 11 x 12 einhacken bis dort 479000160E erscheint (weiter geht es einfach nicht). Besonders gegen Tessi habe ich nur eine Chance, wenn er sich vertippt.

Anders im Bleistift-Labyrinth. Einer kritzelt auf ein Blatt eine kurvige Strecke samt Start- und Ziellinie. Der Bleistift wird auf das Papier gestellt und mit dem Zeigefinger gerade gehalten, bevor er geneigt wird und wir ihn dann in die gewünschte Richtung aufs Papier abgleiten lassen. Beim Umfallen hinterlässt er einen schwarzen Strich. Wir verlängerten diesen dann mit einem Lineal bis zur Schnittlinie des Randes der gewundenen Strecke. Wer als Erster im Ziel ist, hat gewonnen. Mittlerweile haben wir auch Inseln, Brücken und Lehrer Blase eingezeichnet, die entweder Zusatz-Zentimeter oder Strafen nach sich ziehen. Trifft man den Mathelehrer, muss man zurück auf Los.

Aber auch Klassiker wie Tischfußball mit 7 Zwanzig-Pfennig-Stücken (je 2 für die Tore und 3 für das Spielerdreieck); „Schachteln" mit 5 Punkten, wenn die Streichholz-Schachtel nach dem Schnipsen von der Tischkante auf der Zündfläche landet und 10 für Hochkant; Klimpern und Knack, bei dem Bommel komischerweise fast immer eine Dreißigeinhalb hat, kommen im Physikunterricht nicht zu kurz.

Schwule Ärzte

Der Musikunterricht bei Herrn Schönlein findet im dritten Stock im so genannten „Musikkabinett" statt. Der schöne Manni – wir sollen ihn mit seinem Vornamen ansprechen – sieht aus wie eine Mischung aus Karel Gott und Dirk Zöllner in alt. Er wäre wahrscheinlich gerne Rockstar geworden – es hat aber nur zum Vollidioten gereicht. Der selbstgefällige Typ mit dem Musikerbärtchen führt sich auf wie Anfang Zwanzig, obwohl er sicher schon Fünfzig ist. Zudem munkelt man, dass er jede dritte Schülerin der 10. Klasse gnadenlos durchknallt, wenn sie nicht schnell genug auf dem Baum ist, obwohl er eine geile Frau Schönlein zu Hause sitzen hat.

Allerdings interessieren sich Schülerinnen einer 10. Klasse – und das trifft leider auch auf die begehrenswerten Mädels meiner eigenen zu – nunmehr ausschließlich für Ältere und schauen uns nicht mal mehr mit dem Arsch an. Der Schönlein hat somit freie Auswahl, wen er im Gedränge bei der Choraufstellung unauffällig an den Hintern grapschen kann. Einige genießen das augenscheinlich sogar.

Wir müssen uns also nach Alternativen umschauen und da kommen das „Frischfleisch" aus tieferen Klassen und die Chorfahrt ins Spiel. Die dreitägige Reise – während der Schulzeit – hatte ich bereits im letzten Jahr zusammen mit Bergi unternommen, doch erst jetzt sind wir ja die „Großen" aus der 10ten und können die jüngeren Mädchen unter uns aufteilen. So ist zumindest der Plan. In diesem Jahr soll es im April nach Werder, in diese – für „Ostverhältnisse" – Nobel-Jugendherberge gehen. Vielleicht tauchen ja sogar ein paar süße westdeutsche Girls auf.
Mitten in Schuberts Sinfonie Nr. 8 in C-Dur klopft es an der Tür, bevor die Jungs aus der A in den Raum poltern. „Manni, wir kommen schon jetzt", stottert Töhne. „Die Mainzer, also Frau Mainzer meinte, dass wir ja nicht in der Pause vorsingen können, weil die ja zur Erholung da ist." Das ist sicher komplett gelogen, aber Schönlein, der vor den Weibern immer einen Kotten schieben will, beendet generös den Unterricht und bittet sie, Platz zu nehmen.

Ich bin seit jeher festes Mitglied im Schulchor und damit gesetzt. Somit schaue ich mir das Vorsingen der Kandidaten nur aus Spaß an, während unsere hochnäsigen Gänse stolzierend den Raum verlassen.

Vielleicht, weil wir gerade bei Schubert sind, sollen sie zunächst – von Manfred am Klavier begleitet – „Am Brunnen vor dem Tore" (Der Lindenbaum) vortragen, woran sie aus mangelnder Textkenntnis grandios scheitern. „Spaniens Himmel" und „Bella ciao", was Andi vorschlägt, werden von Schönlein abgelehnt, weil man bei Arbeiterkampfliedern keine Stimmlagen wie Bariton, Tenor oder Bass heraushören könne. Letztlich einigen sie sich auf selbstgewählte Songs ohne musikalische Begleitung.

Bommel beginnt mit schriller Stimme die Titelmelodie der Olsenbande zu singen: „Egon, Benny, Kjielt, reisen um die Welt. Reisen bis nach Dänemark und klauen das ganze Geld." Er bewegt sich dabei, wie das in den Filmen vorkommende „Dumme Schwein" im angetrunkenen Zustand, nur das der debile Typ – im Gegensatz zu Bommel – sicher besser singen kann. „Prima! Einen Knabensopran können wir gebrauchen", bekommt er vom begeisterten Lehrer zu hören.

Andi schmettert danach mit äußerst tiefer Stimme einen Song in die Runde, den ich nicht kenne, oder einfach nicht erkennen kann (vielleicht „The Cure"), weil es so schrecklich klingt. „Schöner Bass, wir brauchen Bass – du bist dabei!"

Torte versucht sich an einer Strophe des Liedermachers Gerhard Schöne, was an sich schon abartig ist, genau wie seine unerträglichen Dissonanzen. „Du hast ein gutes Rhythmusgefühl", erklärt ihm der Lehrer und bucht ihn für die Reise.

Martin, Enno und Töhne aus der A quäken anschließend, als wären sie noch im Stimmbruch ein Lied von den „Ärzten" und dichten dabei eine Strophe um: „Du willst mich küssen, doch das geht mir zu schnell. Du solltest wissen – ich bin homosexuell." Ist der Schönlein taub? Hat der den Arsch offen? Auch sie bekommen bescheinigt, dass sie mitfahren dürfen, während mir noch die Ohren klingen.

Alle bestehen die Aufnahme. In vier Wochen haben wir drei Tage frei, in denen wir die Prinzessinnen aus der 9. Klasse und die Püppis aus der 8ten beschnuppern können. Wir werden dort mit Bergi und mir acht Typen sein, wodurch mir irgendwann klar wird: Der Schönlein musste einfach sein Plansoll erfüllen.

„Sollen wir vorher Schließfächer am Ostbahnhof mieten?", ruft Töhne im „Café am Leninplatz", wo wir den bestandenen Test mit ein paar Bierchen feiern. „Was willst du denn einschließen?", frage ich. Er deutet auf das vor uns stehende Bier. „Alles klar, Fußpils. Verstehe!", antworte ich und stelle mir vor, wie acht völlig beschwipste Jungs feierliche Lieder nach etlichen Pilsner einstudieren und damit 14-jährige Schnitten einlullen. „Wir müssen doch auf der Fahrt die Stimme schonen", tönt Andi und ordert mit Kippe in der Hand die nächste Trommel. Wir haben in der 5. Stunde Stabi beim Woschmann und der hat ja selbst immer eine leichte Fahne.

Der dicke Lehrer mit dem wilden Karl-Marx-Vollbart hat in diesem Jahr die Frisch, die zur Direktorin aufgestiegen ist und nun gar nicht mehr unterrichtet, in Staatsbürgerkunde abgelöst. Im Gegensatz zu ihr sieht er sich eher als großen Philosophen statt als Propagandisten für politische Bildung. Natürlich ist auch „Woschi" rot eingefärbt, so wie die geplatzten Säuferäderchen auf seiner knubbeligen Nase.

Seit Beginn des Schuljahrs diskutieren wir mit ihm – recht offen – die Überlegenheit des Sozialismus über den Kapitalismus. Da besonders Andi und Tessi genau die andere Seite meilenweit vorne sehen, entwickeln sich heftige Schlagabtausche.

„Der Kapitalismus ist ein Zug, der dem Abgrund entgegen fährt", meint Woschmann heute und Andi pariert: „Aber warum wollen wir ihn dann unbedingt überholen?"

Auch er kann uns nicht schlüssig erklären, warum wir in einem Land leben müssen, um welches eine Mauer gezogen ist. In Stabi ist es außerdem immer sauschwer, das Wahre vom Falschen zu unterscheiden.

Einige meiner Jungs meinen zwar, dass es an der Schule Lehrer gibt, die nebenher für das Ministerium für Staatssicherheit arbeiten und Stellungnahmen bei dem für uns zuständigen Kontaktoffizier abgeben. Selbst vor Mitschülern solle man sich bereits in Acht nehmen. Doch ausgerechnet in Staatsbürgerkunde-Lehrer Frank Woschmann vermutet niemand einen Spitzel. Bei der Geschichte mit Schmiererei an der Rosa trat er jedenfalls nicht in Erscheinung.

Ich habe sogar das Gefühl, dass hier endlich mal ein Lehrer

zuhört, anstatt in jeder vorgetragenen Sorge gleich eine Konterrevolution zu vermuten. In den letzten Sommerferien habe ich ihm im Arbeits- und Erholungslager am Kölpinsee sogar eine besondere Ehre im dortigen Wisent-Gehege erwiesen. An unserer Wandzeitung wies ich in einem kleinen Artikel darauf hin: „Jugendliche tauften Wisentkalb auf den Namen Woschi."

Born in the G.D.R.

Die letzte Stunde führt mich in den fakultativen Englischunterricht. Auch hier gab es zu Jahresbeginn einen Lehrerwechsel, da unsere geliebte Frau Wagenbach wegen Schwangerschaft einige Monate ausfällt. Demnach auch in Deutsch.

Wir sind pünktlich, weil Andi und ich einen halbstündigen Vortrag halten sollen, der als mündliche Leistungskontrolle gewertet wird.

Frau Früh kommt ursprünglich aus Leipzig. Wegen ihrer ungewöhnlichen Aussprache wird das Fach nun „Frühes Englisch" genannt. Ich mag die gutmütige Frau, bei der selbst eingebildete, unangreifbare Berliner anerkennen müssen, dass in Sachsen feine Menschen wachsen. Ich weiß das schon länger, da meine Mutter ja gebürtige Zwickauerin und größtenteils auch ganz okay ist.

Frau Früh unterrichtet nach hochmodernen Lehrmethoden, was darin zum Ausdruck kommt, dass sie uns auf einem vorsintflutlichen, schwarzen Mono-Radiorekorder „Babett KTR 430" (wahrscheinlich ihr Jugendweihegeschenk) schwer verständliche Dialoge auf stark rauschenden Kassetten vorspielt. Einige vermuten, dass die von „drüben" sind, aber zumindest sind sie als ORWO-Kassetten getarnt. Der Rekorder des VEB Stern-Radio Berlin steht angeschlossen auf dem Lehrertisch. „Now it's your turn", nuschelt sie und setzt sich in die erste Reihe.

„Wir machen einen Trick", hatte ich vor Wochen zu Andi gesagt „und spielen einfach englischsprachige Musik. Da müssen wir nicht so viel labern und der Früh wird das trotzdem gefallen." „Bin ich dabei, Mark, weißte ja", antwortete er sogleich. Leider drückte Andis „Dabeisein" ziemlich schwammig aus, was er beisteuern wollte, denn die komplette Vorbereitung blieb letztendlich an mir hängen.

Mein Freund ist nämlich ein riesengroßes Faultier und dummerweise kann er sich das auch leisten. Während ich seit der 9. Klasse versuchen musste, der beste Mark Scheppert zu sein, der ich sein kann, und mindestens einen Schnitt von 1,5 benötigte, um überhaupt eine Chance bei der Bewerbung für die EOS zu haben, hat er keinerlei Pläne für die Zukunft und will die 10te einfach nur bestehen.

Allerdings scheint ihm alles zuzufliegen – nicht nur die Herzen der Frauen. Nach seinem Wechsel von Kühlautomat zu Union galt er lange als einer der talentiertesten Nachwuchsspieler. Bis er keine Lust mehr auf das harte Fußballtraining hatte und in seiner Freizeit lieber Schlagzeug spielen, saufen und Motorrad fahren wollte. Diese Dinge betreibt er mittlerweile ebenfalls auf hohem Niveau.

Als wäre dies nicht genug, wählte man ihn letztes Jahr beim Vorsprechen an Berliner Schulen als Hauptdarsteller für einen DEFA-Fernsehfilm aus. Der war zwar Scheiße, weil er dort vornehmlich im blauen FDJ-Hemd aufgeregt über einen Schulhof wetzen musste, um seine Film-Schwester Nadine vor Schwierigkeiten zu bewahren, aber er hatte gutes Geld verdient und war nun auch in der DDR-Schauspielerkartei.

Andi lebt in dem Bewusstsein, dass er noch andere Möglichkeiten hat. Ich gönne ihm das, weiß aber auch, dass ich mich wesentlich mehr anstrengen muss, um nicht bis zum Lebensende in einer öden Hellersdorfer Platte und in einem gammeligen volkseigenen Betrieb zu versauern.

Ein pummeliges Mädchen namens Tina hatte mich vor Monaten im Weißkopf-Club in „Schweineöde" zum Tanzen aufgefordert, und weil es schon spät und ich total hacke war, drehte ich mit ihr ein paar wackelige Runden.

Gute Entscheidung, denn seither hat sich meine Plattensammlung um ein paar außergewöhnliche Stücke erweitert, weil ihre Verwandtschaft fast ausschließlich aus dem Westen zu kommen scheint. Bei den Besuchen in Grünau habe ich allerdings immer das Gefühl, dass sie als Gegenleistung etwas mehr als ein paar Ostmark und zwei Wangenküsse erwartet. Wahrscheinlich ist sie gerade die einzige Frau in Berlin, die mich so richtig liebt.

Zumindest ist sie ein großer Bruce-Springsteen-Fan, hat fast jeden seiner Songs von Englisch ins Deutsche übersetzt und auch seine Biografie kann sie mir innerhalb von nur drei Tagen aus dem Stehgreif niederschreiben.

„He was born in the USA", beginnt Andi unseren Leistungstest etwas platt, aber wenigstens kann er die Kindheit von „The Boss" auswendig herunterbeten (auch das hat er in allerkürzester Zeit drauf) und verschafft uns damit einen super Einstieg.

Ich habe derweil die von Tina vorbereitete TDK-Kassette eingelegt und drücke auf Play. Der erste Song ist passenderweise „My Hometown". Bereits nach den ersten Takten wippt Frau Früh entzückt hin und her. Die Sache ist damit schon halbwegs geritzt und natürlich wird das Lied ausgespielt.

Danach fasse ich das Gehörte zusammen, indem ich einfach aus dem Song: „I was eight years old and running with a dime in my hand into the bus stop to pick up a paper for my old man", umwandle in: „Springsteen was eight years old and he was running with a dime in his hand into the bus stop to pick up a paper for his father". Unsere Lehrerin lächelt gerührt, bevor Andi auf die „Early years" und den „Breakthrough with the release of Born To Run" eingeht.

Ich halte die Originalplatte in die Höhe, auf deren Cover Springsteen mit seiner E-Gitarre um den Hals an einen Kollegen seiner „E Street Band" gelehnt steht. Die Früh macht große Augen. Aus dem Babett-Rekorder erklingt nun „Thunder Road" und auch diesmal wandele ich Auszüge der Texte einfach nur von „I" auf „He" um. Aus „Well I got this guitar and I learned how to make it talk", wird: „He got a guitar and he learned ..." Das schnallt niemand, nicht mal die sächsische Englischlehrerin. Als wir zum Abschluss noch die „Born In The U.S.A"- Scheibe, sein soziales und politisches Engagement im allerfeinsten „Frühen Englisch" würdigen, bekommt sich unsere Lehrerin fast nicht mehr ein.

Den letzten Song der Performance „I'm On Fire" übersetze ich spontan mit: „She's on fire" und deute auf die im Sitzen tanzende Englischlehrerin. „And she was born in the G.D.R", ergänzt Andi. Die komplette Klasse spendet Applaus und sogar Nadja schaut mich bewundernd an. Wir bekommen eine Eins „für den besten Vortrag, den sie jemals im Englischunterricht von Schülern einer 10. Klasse gehört hat".

Danke Tina – wir sehen uns im „Tunnel Of Love" – maybe.

Rechtswidrig

Am 21.05.1988 lungern wir seit Ewigkeiten mal wieder am Leninplatz herum. Gerüchte hatten die Runde gemacht, dass wir dort, am heutigen Samstag, in den Besitz eines wahren Schatzes gelangen können. Doch zwei Stunden lang flanieren nur ältere Ehepaare, die von einem Ringel aus dem maigrünen Friedrichshain kommen, oder Familien mit kreischenden Gören am Sockel vorbei. Als wir gegen 19 Uhr enttäuscht aufbrechen wollen, tauchen plötzlich zwei langhaarige Kunden in unserem Alter auf. Beide tragen Skateboards unter dem Arm, echte, aus dem Westen wohlgemerkt.

Benny hatte sich im Winter zusammen mit Henry ein ostdeutsches Modell gebastelt, das aus einem zurechtgesägten Holzbrett auf vier gelben Rollschuhrädern besteht. Richtig scheiße sieht das Stullenbrett aus, obwohl er es weinrot lackiert und mit einem Garfield-Aufkleber verschönert hatte. Man kann damit zwar eine asphaltierte Straße herunterrollen, aber weder bremsen noch lenken.

Tessi erhebt sich übertrieben kuhl und schlendert den Jungs entgegen. Wir trotten, um Unauffälligkeit bemüht, hinterher und sehen, wie er ihnen eine seiner Pseudo-Camel-Zigaretten anbietet und gleichzeitig flüstert: „Habt ihr die Aufgaben?" „Was für'n Ding?", antwortet der Größere. „Na für die Abschlussprüfung in Mathe", kreischt Bommel aufgeregt aus dem Hintergrund. „Soll es die heute hier geben?", antwortet der Typ plötzlich mit deutlichem Interesse. „Ja, oder am Alex, wurde uns gefunkt", klärt Tessi sie auf. „Ist doch rechtswidrig!", murmelt der Heavy-Typ mit ernster Miene, bis er lauthals und mit tiefer Stimme zu lachen beginnt. „Wenn ihr sie habt, sagt Bescheid. Die koofen wir euch ab!"

Letztendlich stellt sich heraus, dass David und Ottmar aus der Lenin-Oberschule sind, in die 10. Klasse gehen und – wie wir – in knapp drei Wochen die schriftlichen Prüfungen vor sich haben. Sie scheinen okay zu sein und diesen Ottmar werde ich, wenn ich kurz vor Schluss nicht noch völlig verkacke, in der EOS Friedrich Engels sogar als Mitschüler wiedersehen.

Wir paffen noch eine Cabi zusammen, bevor wir uns verabschieden. Die Lenin-Jungs nehmen den polierten Granitsockel unterhalb des Denkmals in Beschlag und stellen sich gar nicht mal so doof an – sogar einen Sprung steht David beim ersten Versuch. Wir hingegen stapfen durch Neubauschluchten in Richtung Alexanderplatz.

Die Sache ist nämlich so, dass Tessi und Andi in Mathe zwischen 4 und 5 stehen und sich eine 5 in der Abschlussprüfung nicht leisten können; obwohl sie die Mündliche noch retten könnte, was aber unwahrscheinlich ist. Meine eigene Vornote ist eine glatte 3, weshalb ich eigentlich recht entspannt sein könnte. Bommel, Torte und Bergi stehen auf der Kippe zwischen 3 und 4. Doch anstatt eine sozialistische Lerngruppe zu gründen, am besten mit Mathe-Olympionike Dirk, grübeln wir seit Wochen im Alfclub, ob es vielleicht eine einfachere Lösung gibt.

Zunächst hieß es, Andis Bruder Billy würde einen kennen, der einen kennt, der in der ND-Druckerei arbeitet. Wir hatten das Gebäude am Franz-Mehring-Platz sogar schon ausgekundschaftet, da ein nächtlicher Einbruch durchaus im Rahmen des Denkbaren lag. Doch dann erfuhr ich über meinen Onkel Paul, dass die Zentrag den Druckauftrag für die Abschlussprüfungsfragen immer ganz kurzfristig vergibt, manchmal sogar nach Leipzig oder Magdeburg.

Nach dieser Information nahmen wir eine neue Fährte auf. Grossi, der die Käte im Vorjahr verließ, hatte Bergi nach deren Abschlussparty der 10. Klasse gesteckt, dass die Prüfungsaufgaben immer Wochen vorher an verschiedenen Orten der Republik unter der Hand verkauft werden. Wir müssten nur die Ohren spitzen. Sie selbst hätten sie für 300 Mark am Lenin- und einige andere am Alexanderplatz erstanden. Alle Pfeifen, sogar der Kossart, hatten so bestanden.

Leider gehört der Alex nicht gerade zu den kleinsten Plätzen unserer Stadt. Obwohl das riesige Betonareal oft als zentraler, gut überschaubarer Kundgebungsort genutzt wird, gibt es dort hunderte Ecken für geheime Übergaben wichtiger Dokumente. Am sinnvollsten erscheint es uns, zunächst an der Weltzeituhr zu schnüffeln.

Die runde, gut zehn Meter hohe Uhr, auf der die Namen von 148 Städten verzeichnet sind – von denen wir wahrscheinlich 143 nie im Leben zu Gesicht bekommen –, gilt als Touristenattraktion. Dort muss man sich immer mit Urlaubs- oder Ferien-lagerbekanntschaften aus der DDR verabreden, weil die Idioten sich sonst in Berlin verlaufen. „Wir treffen uns am Alex um 20 Uhr an der Weltzeituhr", scheinen leider auch heute hunderte Dörfler vorher ausgemacht zu haben.

„Das wird hart", murmelt Tessi. Wir teilen uns in zwei Grup-pen und versuchen am Gesichtsausdruck der Bürger festzustel-len, ob sie etwas verbergen oder heimlich zu verkloppen haben. Ein bisschen kommen wir uns dabei wie „Mielkes Nachwuchs-truppe" vor und die meisten, die wir diskret von der Seite an-quatschen, geben uns das auch in etwa zu verstehen.

Irgendwann hat Bommel die Schnauze voll und fragt einen Typen mit Oberlippenbart und Marmorjeans gerade heraus: „Verkaufst du vielleicht die Matheaufgaben?" „Nuklear! Dreihun-nerd Morg" (Na klar! 300 Mark), nuschelt er im tiefsten Säch-sisch. Eiligst pfeifen wir alle zusammen und verschwinden mit ihm in eine dunkle Ecke des S-Bahnhofs. Tessi zieht sechs Rotfe-dern (Fünfziger) aus der Tasche und nur mir ist es zu verdanken, dass er nicht den Fehler seines Lebens begeht.

„Das hatten wir doch gar nicht", murmele ich beim Überfliegen der auf Maschine getippten Fragen. Doch Sachsen-Jens gibt mir zu verstehen, dass dies sehr wohl die Mathe-Abschlussprüfungs-Fragen 1988 sind – für die 12. Klasse! „Scheiße, weißt du, ob hier auch einer die für die 10te verkauft?", zische ich. „Nuklear, dä Wännsdor am Delesporgel oder anne Nuddenbrosche". Man braucht für den Typen echt einen Übersetzer – er meint wohl ir-gendwelche Kinder am Fernsehturm, den ein Berliner niemals „Telespargel" nennt! Auch der Brunnen der Völkerfreundschaft wird nur von geifernden älteren Herren als „Nuttenbrosche" be-zeichnet. Fehlt nur noch „Erichs Lampenladen", wie der Palast der Republik von Dorfis oftmals genannt wird.

Unterhalb der pfeilförmig verlaufenden Betonfaltdächer des Eingangspavillons des höchsten Turms der Stadt tummeln sich etliche Skater und noch mehr angesoffene Punks. Bei den Jungs mit den bunten Frisuren fällt es uns dennoch leichter, nach den Prüfungsaufgaben zu fragen. Doch niemand hat etwas davon ge-hört und nicht wenige wundern sich, warum wir uns überhaupt „so 'ne Platte" machen. Ein Typ mit knallgelbem Irokesenschnitt wechselt sogar die Kassette und spult bis zum Song „Hurra,

hurra die Schule brennt" vor. Schon klar: Für ihn spielt ein Mathe-Abschluss der 10. Klasse eine eher untergeordnete Rolle. Auch am Brunnen gibt es keine Verkäufer. Dafür stolzieren hier etliche aufgetakelte Plattenbaunutten in ultrakurzen Miniröcken und Weststrumpfhosen herum, für die wir nur Ostberliner Luft sind.

Noch eine Woche lungern wir stundenlang am Alex herum, bevor wir es endgültig aufgeben und eine völlig neue Strategie austüfteln.

Als Herr Blase am 15. Juni die Prüfungsfragen und die Bögen, auf die wir unsere Namen und Antworten schreiben sollen, auf die Tische wirft, sind wir bestens vorbereitet. Die karierten, doppelseitigen Blätter sind oben rechts, damit niemand bescheißen kann, mit dem Schulstempel versehen – und das ist auch gut so.

Grossi hatte uns im Vorfeld exakt diese Bögen besorgt und über Dirk waren wir an den Stempel gelangt. Keine Ahnung, was Bergi ihm angedroht hat; mit Sicherheit haben sie nicht darüber diskutiert, ob dies rechtswidrig sei. Jedenfalls entwendete er ihn inklusive Kissen aus dem Lehrerzimmer (wir mussten Dirk schicken, weil man uns dort niemals aus den Augen gelassen hätte) und legte ihn nach einer halben Stunde unauffällig wieder zurück an seinen Platz. Die im Akkord gestempelten Blätter waren für mich schon die halbe Miete, denn so konnte ich Formeln, Definitionen und Rechenwege auf die fälschungssicheren Papiere kritzeln und diese heute – nach zwanzig Minuten – einfach auf die Schulbank legen. Es ist ein Luxus-Spickzettel, da wir ja während der Prüfungsvorbereitungen erklärt bekommen hatten, was alles abgefragt wird. Lediglich Andi und Tessi verfolgen eine andere Taktik.

Eigentlich müsste Blase sich wundern, weshalb ausgerechnet seine Spezis, ab der ersten Sekunde der Prüfung, wie die Bekloppten losschreiben und nicht einmal den Taschenrechner benutzen. Doch unser Lehrer steht gelangweilt vorne herum, schaut aus dem Fenster und ärgert sich wahrscheinlich, dass er Aufsicht hat.

15 Minuten später hebt Tessi seinen schwabbeligen Arm: „Herr Blase, ich muss mal aufs Klo." „Warum warst du denn vor-

her nicht? In Ordnung, zisch ab und beeil dich.", antwortet er ungewohnt verständnisvoll. Tessi ist tatschlich nach drei Minuten zurück und sofort ruft Andi: „Ich muss auch mal schnell für kleine Mädchen." Mit einer müden Handbewegung schickt er ihn zur Tür.

Was er nicht weiß: Die beiden haben soeben lediglich die Fragen abgeschrieben – Tessi die ersten sechs und Andi die letzten fünf. In der mittleren Kabine des Klos sitzt Kosbi. Den feinen Kerl aus dem Jahr über uns hatten Bergi und ich ebenso im Chorlager kennengelernt. Doch im Gegensatz zum Startenor Grossi ist er ein wahres Mathe-Ass, der auch im ersten Jahr auf der EOS eine glatte 1,0 hingelegt hat.

Ohne übertriebene Hektik verlässt er mit den Prüfungsfragen das Gebäude und beantwortet sie dann in Rekordzeit bei sich zu Hause, bevor er wieder in das Kabuff am Ende des Ganges zurückkehrt.

Bergi und Bommel wurden dazu auserkoren, die vollständigen Antworten wieder abzuholen. Ich hätte es auch getan, doch mich hat der Blase zu sehr auf dem Kieker. Die Bögen müssen ja wieder unauffällig bei Tessi und Andi auf den Bänken landen.

Es gelingt gerade so, da sich unser Freund ziemlich ungeschickt anstellt.

Wenig später ertönt seine berühmte kindliche Lache. „Ist was, Uwe?", fragt der Lehrer. „Nee, alles gut Herr Blase. Habe gerade die Lösung gefunden!" Alle schmunzeln und Didi ruft: „Na dann erzähl doch mal!" Blase ermahnt ihn, das Reden augenblicklich einzustellen.

Zwei Jungs schauen währenddessen nicht einmal auf, denn sie übertragen gehetzt Kosbis Lösungen auf ihre Blätter. Dann quäkt Herr Blase: „Stifte sofort auf den Tisch legen, wer jetzt noch schreibt, bekommt eine Fünf. Und nun einzeln nach vorne kommen und die Bögen in diese Kiste werfen." Er freut sich darauf, endlich in seinem Lehrerkabinett eine zu paffen. Wir uns auch – draußen an der frischen Luft mit den Jungs aus der A, die den ganzen Stress gar nicht hatten, weil sie von Vornherein wussten, dass der alte Herr Kopftisch bei ihnen Aufsicht hat.

Die Prüfungen werden – so hören wir zumindest – von Lehrern aus anderen Schulen benotet. In einigen Tagen wird Herr

Blase somit erfahren, dass die größten Luschen, Versager und Verweigerer der 10 B die schriftlichen Mathematikprüfungen mit einer hervorragenden Note abgeschlossen haben. Wird er versuchen, uns zu unterstellen oder gar zu beweisen, dass wir beschissen haben? Wird er uns in den Mündlichen ordentlich vorführen? Ich denke nicht.

Er wird rasch einsehen, dass die Bewertungen nunmehr rechtskräftig sind und die guten Zensuren im Kolloquium als Erfolg eines begabten Pädagogen verkaufen; als einer, bei dem sogar die größten Rüpel und Rowdies bestehen. Und den guten Ruf will er sich bei den mündlichen Prüfungen sicher nicht versauen lassen. Dort wird er wohl eher die Streber vorladen.

Klassenkollektiv

Am 8. Juli 1988 fahre ich mit fantastischen Menschen, die mich seit zehn Jahren begleitet haben, auf Abschlussfahrt. Eigentlich ist es so, dass wir erst seit einigen Monaten zu dem geworden sind, was Lehrer Blase und vor allem die Frisch seit Urzeiten von uns eingefordert hatten: zu einem Kollektiv.

Gegen Ende der 10. Klasse verstehen wir uns plötzlich auch mit den Mädchen bestens, weil die endlich aufgehört haben, jeden beschissenen Starschnitt aus der Bravo mit unseren verpickelten Kleine-Jungs-Gesichtern zu vergleichen. Wir haben in Körpergröße längst aufgeschlossen und auch das kindliche Sex-Annäherungs-Gehabe (unsererseits) steht nicht mehr zwischen uns, weil etliche Typen mittlerweile selbst feste Freundinnen haben.

Unser Zusammenrücken hatte jedoch keinerlei Auswirkungen auf die Planungen der Abschlussfahrt gehabt. Ideen gab es etliche – vor allem, nachdem die A-Klasse tönte, dass sie nach Moskau fliegen würden. Leider wollte sich bei uns niemand um solch eine Auslandsreise kümmern, geschweige denn Klassenlehrer Blase oder irgendein Elternteil. So wurde es immer später und im Mai waren dann sogar fast alle Jugendherbergen in der DDR ausgebucht. Außer die in Greifswald. Wahrlich kein Sehnsuchtsort, doch mangels Alternativen buchten wir die Hütte.

Eigentlich hatten wir uns schon am 2. Juli innerlich voneinander verabschiedet. An jenem Samstag fand die Abschlussparty der 10. Klassen im Saalbau Friedrichshain statt. Ich hatte mit „Sehr gut" bestanden und wurde mit den anderen Strebern nach vorne gebeten. Mutter verdrückte ein Tränchen und Vater, Oma Halle, Opa Hans und Onkel Paul würdigten meine Leistungen mit Bargeld in Umschlägen. Von Onkel Wolfgang bekam ich sogar einen Fünfzig-DM-Schein. Danach folgte der Auftritt unseres Chores, der ausschließlich aus Mädchen bestand, da wir Jungs nach der legendären Chorfahrt alle „unfreiwillig" herausgeworfen worden waren.

Egal, viel wichtiger war an jenem Abend, dass wir zur Party keine Klamotten tragen mussten, die man nie wieder anziehen konnte, dass die Musik fetzte und der Alkohol in Strömen floss. Weit nach Mitternacht zogen wir mit über 40 berauschten Leuten weiter in den Alfclub.

Berni aus der A reichte dort ein Erinnerungsfotoalbum herum – so etwas hatten wir natürlich auch nicht auf die Reihe gekriegt – und dann wurde es sentimental, denn wir kamen darauf zu sprechen, wie wir den Club gegründet hatten.

Obwohl freiwillige Arbeitseinsätze und Aufbaustunden verpönt waren, hatten alle richtig Bock gehabt, in diesem muffigen Kellerloch in meinem Haus zu schuften. Nachdem wir die Wände blau-gelb angemalt hatten, beklebten wir die Decke mit den Nacktbildern aus dem „Magazin" und der „Funzel", während Berni einen überlebensgroßen Alf vom Planeten Melmac an die Eingangstür zeichnete. Danach besorgte jeder aus der Truppe Auslegware, Vorhänge, Stühle, Sessel, Geschirr und Gläser. Tessi organisierte sogar eine riesige Oma-Couch – Zeugs, das bei unseren Eltern einfach ungenutzt herumstand. Bald hatten wir ein Luxusproblem und nahmen nur noch verschnörkelte Möbel, antike Lampen und schwere Kristallaschenbecher in unseren edlen Clubraum auf, damit er nicht irgendwann aussah wie Willi Schwabes Rumpelkammer.

Als alles fertig war, kauften und klauten wir groß ein. Die teuersten Schnapssorten, edle Schokolade, Ananas aus der Dose, Kaviarersatz- und Käsecreme, Leberpastete und sonstiges Zeug aus dem Delikat. Sogar eine kleine Kiste Zigarillos stellte ich auf die Bar. An jenem Abend wurde das größtmögliche Schlemmerparadies aufgebaut und von begeisterten Gästen hörten wir: „Ihr seid ja bekloppt. Aber echt geil hier!" Unser Club, der wegen

Bernis intelligentem Bild an der Eingangstür, und weil es verboten war, die Hauptstadt der DDR so zu betiteln, recht bald nur noch „Alfclub Ostberlin" genannt wurde, ist bis heute der kuhlste Club, den es in unseren Breiten gibt. Für die besondere Pflege und Gestaltung des Hauses und des Wohnumfeldes erhielt unser Aufgang in der Mollstraße 1987 die „goldene Hausnummer".

Während ich mir am Freitag vorstelle, wie sich Enno, Martin und Töhne schon im Flugzeug und später in der Welthauptstadt des Kommunismus so dermaßen mit Wodka volllaufen lassen und: „Moskau. Moskau. Werft die Gläser an die Wand", grölen, dass sie sich tags darauf zusammenreißen müssen, nicht aus Versehen auf Lenins gläsernen Sarg im Mausoleum zu kotzen, sitzen wir in einem versifften Zugabteil der Deutschen Reichsbahn in Richtung Bodden-Gewässer und trinken Goldkrone mit Club-Cola. Die Mischung wird in Berliner Kreisen auch „Futschi" genannt – wahrscheinlich weil sie das Gehirn so schön futsch macht.

Die Laune sinkt bei Betreten der Jugendherberge, welche – in dem Wissen, dass wir uns eh schon in einer beschissenen nordostdeutschen Kleinstadt befinden – am Arsch der Welt liegt und wahrscheinlich mal eine Kaserne war. Sie pferchen uns, nach Geschlechtern getrennt, in zwei stickige 10-Bett-Zimmer mit Doppelstockbetten, während die keimigen Klos und Duschen am Ende des Ganges zu finden sind. Nur unsere Aufsicht bekommt ein Einzelzimmer in der Etage über uns.

Weder Lehrer Blase noch Herr Hohmann oder Frau Demant aus dem Elternaktiv wollten uns begleiten, aber eine erwachsene Person muss bei so einer Reise immer dabei sein. Letztendlich erbarmte sich Herr Schönlein, wobei den Jungs sofort klar war, dass der Armleuchter das nur tat, um die Mädels auf der Tour zu begatten.

Doch seit Mittwoch liegt er mit fiebriger Erkältung im Bett und schickte kurzfristig Ersatz. Frau Schönlein ist seine Ehefrau und Musiklehrerin an der Rosa-Luxemburg. Sie ist Anfang dreißig – damit fast 20 Jahre jünger als ihr Alter – und hat die größten Hupen und auch die steifsten Nippel rund um den Berliner Leninplatz, welche sie vorzugsweise in engen Pullis mit weitem Ausschnitt zur Schau stellt. Kurze Röcke sieht man bei ihr jedoch selten, weil auch ihre Oberschenkel recht voluminös sind.

Für ihr Alter ist sie dennoch eine Top-Braut mit wallenden, blonden Haaren und rot geschminktem Schmollmund.

Während der Hinfahrt knallt sich Elli (wir dürfen Eliane duzen) zwei dickbäuchige Pullen Rotkäppchen-Sekt hinter die Binde. Doch leider haben wir selbst nach den 1,5 Litern nicht den Eindruck, dass sie einen von uns in den nächsten Tagen durchnudeln will. Auch in unserer Klasse gibt es derzeit keinerlei Techtelmechtel – nur zwischen Andi und Uta soll wohl wieder was laufen. Doch mein Freund ist nicht mitgekommen, weil parallel ein wichtiges Motorradtreffen stattfindet. Es wird also eher eine Sauftour.

Schwankend, wie eine betrunkene Milchkuh auf Absätzen, verabschiedet sich Elli nach dem Abendbrot – das Essen hatte geschmeckt wie Spaghetti in Tomatensoße aus dem Glas – und stöckelt dann mit wackelndem Hintern von dannen.

Wir haben alle keine Lust auf die Fischköppe in einem Ort, der für sein Kernkraftwerk bekannt ist und an einem stinkenden Bodden liegt. Also stöpseln wir Tessis Rekorder an, holen die Mädels herüber und spielen Schummel-Max – mit der allseits bekannten Regel, dass der Verlierer jeder Würfelrunde ein Glas Bier, Wein, Wurzelpeter, KaLi oder Didis Komabecher trinken muss. Wir hören dabei eine alte Lindenberg-Kassette und wie in Kinderferienlager-Zeiten singen alle mit.

Nachdem Lena, Daniela und Bommel gereihert haben, Tessi unter dem Tisch wie ein altersschwacher Hund vegetiert und fast alle Vorräte aufgebraucht sind, begeben wir uns zur Nachtruhe. In der Nacht schifft sich Lars in die Hose.

Während des Frühstücks, welches mit Tee und Muckefuck aus verrosteten Kesseln, Schwarzbrot mit riesigen Löchern, einer Sorte Wurst (es soll wohl Mortadella sein), Schmelzkäseecken und einem zittrigen, rechteckigen Stück Marmelade erneut unbefriedigend ausfällt, schicken wir Dirk auf Erkundungstour. Obwohl er eigentlich recht humorlos ist, beschreibt er die Altstadt so, als hätte dort gerade eine nukleare Katastrophe stattgefunden.

Zumindest wissen wir nun, wo der Busbahnhof ist, und fahren geschlossen im Kollektiv über Wolgast nach Heringsdorf auf die Insel Usedom. Titten-Elli fühlt sich nicht sonderlich gut und bleibt in der trostlosen Stadt, in welcher die Fußball-Mannschaft

Betriebssportgemeinschaft Kernkraftwerk (BSG KKW) Greifswald beheimatet ist. Bommel trägt ein weißes T-Shirt, auf das er sich mit schwarzem Fettstift „Berliner dürfen das!" in Runenschrift draufgemalt hat.

Bei strahlendem Sonnenschein sprinten wir sofort in die erfrischend kühle Ostsee. Am weißen Sandstrand schaue ich verträumt in die Runde und ahne dabei, dass ich mit vielen der anwesenden vor Glück grinsenden Menschen gerade meinen wohl vorletzten Tag verbringen werde. Nach unserer Rückkehr am Sonntag werden die meisten in den Sommerurlaub verschwinden und ab September beginnt für alle ein neues Leben in den VEBs unseres Landes. An die EOS sind, neben mir, nur Lena, Lars, Sabine und die bezaubernde Nadja aus der A delegiert worden.

Die Jungs haben Durst und so kaufen wir lauwarme Rostocker Hafenpisse, klauen Rügener Badejunge und unzählige Zigarettenschachteln, was hier vor allem bei Schweinejuwel und Kenton grün extrem einfach ist. Danach versuchen wir, mit drei Strandschönheiten in Kontakt zu kommen, was nur mäßig gelingt, weil wir bei 28 Grad im Schatten recht schnell ziemlich abgeräumt sind und ständig zum Pinkeln ins Meer rennen. Wir haben heute keine Vita-Cola-Trinker im Kader. Auch unsere Mädchen lassen es sich am Strand mit diversen Alkoholika gut gehen.

Auf der Rückfahrt stranden wir gemeinsam besoffen in Jarmen, weil wir anscheinend in den falschen Bus gestiegen sind. Bommel startet eine Polonäse und singt dabei „Kalimba de luna". Im öden Dorfzentrum leihe ich mir von einem Jungen, der einem Monchichi ähnelt, sein Kinderfahrrad der Marke „Blitz" und rase damit um den Markt. Natürlich stürze ich, da ich für das Ding etwa acht Jahre zu alt bin. Der Piepel tobt mit tränenerstickter Stimme, als ich ihm den verbeulten Drahtesel zurückgebe, doch ich ignoriere es einfach. Ganz ehrlich: Ich habe mich noch nie so Scheiße benommen.

Wir versuchen zu trampen und tatsächlich nimmt uns ein Typ mit einem W50 und großer Ladefläche direkt bis nach Greifswald mit. Uta und Daniela dürfen vorne beim Fahrer sitzen und bei der Ankunft gegen 20 Uhr in einer Plattenbausiedlung hat der Typ namens Groß (er spricht es eher wie Kroos aus) die beiden überzeugt, noch in die örtliche Bauerndisko mitzukommen.

Die würfelartige Mehrzweckgaststätte ist vergleichbar mit der „Geißenweide" in Marzahn, nur kleiner und wesentlich schäbiger. An der Bar lungern Fischköppe mit Vokuhilas, aber auch einige stabile Glatzköpfe herum und saufen Cola-Korn. Unsere Mädchen aus Ostberlin werden begutachtet, als liefen sie nackt herum, und uns Jungs pöbelt man als „Scheiß-Preußen" an der Theke wortkarg an.

Nach einer Stunde hat sich die Situation ein wenig entspannt – bis Lena und Uta angerannt kommen und mir ins Ohr schreien, dass einer dieser Dosenfische sie aufs Klo verfolgt und dort plump in den Schritt und an die Brüste gegrapscht hat.

Ich bin nicht gerade als der Allermutigste bekannt und habe oftmals nur eine große Fresse, wenn ich weiß, dass solche Brecher wie Andi, Bergi oder Billy im Hintergrund darauf lauern einzugreifen. Doch heute bin ich blau und unerschrocken. Mit Torte renne ich augenblicklich zur Bar und stelle das Schwein zur Rede: „Falls du noch einmal ein Mädchen anfasst, kriegst du eins auf deine hässliche Fischfresse", brülle ich ihm ins verdutzte Gesicht.

Was ich zu diesem Zeitpunkt nicht weiß: Sämtliche Jungs meiner Klasse haben vor zehn Minuten den Laden verlassen. Sie haben uns nicht im Stich gelassen, da sie ja nicht ahnen konnten, dass die Kacke nun am Dampfen ist. Nennen wir es dennoch eine unglückliche Fügung, denn sie hat zur Folge, dass wir nun acht prügelwilligen Nordlichtern gegenüberstehen, die uns sogleich nach draußen eskortieren und dort klar machen, was jetzt blüht.

Gleichzeitig denken wir: „Rennen!" – und stürmen los. Die Greifswalder sind irritiert, aber fünf oder sechs Glatzen nehmen die Verfolgung auf. Wir haben das Schwein unseres Lebens, denn um die Ecke steht ein rostiger Ikarus-Linienbus, der, nachdem wir drin sind, sofort losfährt. Wir zeigen den Spasten den Stinkefinger und lachen sie durch die sichere Heckscheibe an. „Oh, Scheiße", denke ich, als ich sehe, wie die Meute Arschlöcher beginnt, dem fahrenden Bus hinterher zu spurten. Wir sind so gut wie erledigt. Torte läuft zum Fahrer und ruft: „Gib Gas!" Mir fällt ein Stein vom Herzen, als dieser in den Rückspiegel schaut, losrast und unsere Verfolger wutentbrannt aufgeben.

Nach etlichen Irrwegen – in der vermeintlichen Kleinstadt – erreichen wir endlich die Jugendherberge. Davor steht eine 150iger ETZ mit Berliner Kennzeichen und in unserem Stockwerk brennt noch Licht. Die Fenster stehen offen. Ich meine Bommels Kopf zu erkennen und schreie: „Bommel, alles klar bei euch da oben?" Er winkt ganz aufgeregt mit den Armen. Den kleinen Kerl kenne ich nun schon so lange, dass ich ihm Worte von den Lippen ablesen kann. „Verpisst euch, die Kunden aus der Disko sind hier!" Kurz darauf sehe ich ein kahlköpfiges Wesen ans Fenster treten.

Sofort drücke ich Torte an die Wand und flüstere ihm meine Erkenntnisse ins Ohr. Deckung suchend, tasten wir uns die finstere Straße entlang. In einem Altbau steht eine Tür offen und führt uns in einen Hinterhof. Am Rande des Rasens steht eine alte Hollywood-Schaukel, auf der wir sogleich – in der Gewissheit, den Rest der Nacht auf dieser zu verbringen – niedersacken.

Nach einer Stunde werden wir von Geräuschen geweckt. Der Schreck verwandelt sich schnell in Erleichterung, da eine helle Frauenstimme ertönt. Und dann sehen wir im schattigen Dämmerlicht ein Schauspiel, welches mir noch lange in Erinnerung bleibt. Frau Schönlein hat sich die Jeans und den leuchtend weißen Schlüpfer bis auf die Knie herunter gezogen und lässt sich rittlings von einem muskulösen Typen durchochsen. Sie stöhnt dabei so ausgelassen, dass im oberen Stockwerk Lichter angehen. Endlich sind sie fertig.

Der Kerl steht auf, knöpft sich die Hose zu und dreht sich dann um: Andi! Ich renne zu ihm herüber und umarme meinen Freund überschwänglich. Auch Torte ist dazu gekommen und nuschelt: „Geile Nummer!", doch Andi zuckt nur mit den Schultern. So lässig wie er werden wir wohl niemals sein. Frau Schönlein hockt derweil noch immer auf allen Vieren und schaut benebelt zu uns herüber.

Zusammen mit einer Lehrerin, die auf den Knien ihrer hellblauen Jeans nun grünlich schimmernde Rasenflecken zur Schau trägt und schwankt wie ein Schiff auf dem Bodden, laufen wir die Treppen der Herberge hinauf.

„Scheppi, die sind gerade erst abgehauen, aber eigentlich waren die urst okay", murmelt Tessi, als wir den Raum betreten. „Außer, dass sie euch töten wollten und wir jetzt nichts mehr zu saufen haben!", ergänzt Bergi konsterniert.

Andi öffnet seinen Rucksack, zaubert zwei Pullen Kristall-wodka hervor und sagt: „Cola habt ihr ja wohl noch?" Unsere Mädchen werden herübergeholt und bringen je zwei Flaschen „Stierblut" und „Grauer Mönch" mit. Und so feiere ich in der Nacht des 10. Juli 1988 in Greifswald die endgültige Abschiedsparty mit fantastischen Menschen, die mich seit zehn Jahren begleitet haben. Mit meinem Klassenkollektiv!

Anzüglich

Am 15. Juli 1988 will ich wieder an die Ostsee fahren. Didis Eltern haben in Prerow einen Dauercampingplatz und sind gerade nicht da. Mittlerweile gehört es zu den Gepflogenheiten, überallhin hinzutrampen, und so stehe ich am Freitagabend – es dämmert bereits – in Pankow-Heinersdorf an der Autobahnauffahrt und halte den Daumen in die Höhe.

Beim Trampen trifft man gelegentlich auf zwielichtige Gestalten, doch diesmal habe ich Glück, denn es hält ein weißer Trabi mit zwei jungen Frauen an Bord. „Wo willst du denn hin, Jungchen?", fragt mich die eine gut gelaunt, und als ich mein Ziel nenne, ruft die Beifahrerin vergnügt: „Bis Rostock nehmen wir dich mit, Blondi!" Sie steigt aus, klappt den Sitz nach vorn und drückt mich mit den Händen am Po auf die Rückbank, wo ich mich zwischen unzähligen Weiberklamotten wiederfinde.
Über die ruckelige Fahrt kann ich nichts Spannendes berichten, weil sich die Mädchen zwar köstlich amüsieren, mich aber fast gänzlich ignorieren. Egal, ich komme der Ostsee immer näher und mit den Worten: „Na dann viel Glück, Lütter", lassen sie mich in Bentwisch an der Landstraße hinaus.

Die Ungewissheit, wie es weitergeht, ist manchmal ein berauschender Zustand, doch heute heißt es eher bangen, denn mittlerweile ist es stockdunkel und wird immer frischer. Genervt mache ich mir ein Rucksack-Bier auf und warte. Und warte. Laufe auf und ab. Mache Kniebeugen, Liegestütze, ziehe meine lange Hose und meinen Pulli an – und warte. Gegen Mitternacht, niemand will mich bei stark abnehmendem Verkehr mitnehmen, entdecke ich entlang der Straße eine Bushaltestelle. Auf der

Bank hocke ich mich mit dem Hintern auf die Lehne und stelle die Füße auf den Sitzstreben ab. ‚Zumindest kann ich mich hier ein wenig lang machen und zur Not auch bis zum nächsten Morgen ausharren', denke ich.

Wie eine Fata Morgana taucht plötzlich ein papyrusweißer Trabi mit zwei albernden Frauen in der Fahrgastzelle auf – und hält!

„Mensch, Jungchen, bist ja immer noch da. Willst du nicht lieber bei uns pennen?", ruft mir eine Frau aus der heruntergekurbelten Scheibe zu. „Wie'n jetzt?", frage ich irritiert und finde mich fünf Minuten später im Wohnzimmer eines wohligwarmen Hauses wieder. Antje und Jasmine studieren in Berlin. Soeben sind sie von einer Hansa-Party in Rostock ins sturmfreie Haus von Jasmines Eltern zurückgekehrt.

Beide sind schon etwas hinüber, mixen sich aber sogleich eine grüne Wiese mit Curaçao und kubanischen Apfelsinen, Marke „Berlin Import". Ich bleibe bei Berliner Pilsner aus meinem Rucksack-Depot und entspanne mich allmählich, denn weder Antje noch Jasmine sind so anmutig, wie die in meinen Träumen vorkommenden Schatzkästchen-Mädchen Annika, Sandra, Nadja und Ina.

Es sind ganz gewöhnliche Mädels, kaum besser als der Durchschnitt, mit denen man nicht groß angeben kann und vor denen man auch keine Angst zu haben braucht, selbst wenn sie vier Jahre älter sind. Doch genau das macht die Situation unberechenbar! Lüstern schlecken sie an den Schalen der Orangen und bewerfen sich gegenseitig damit. Ein Hauch von Erotik wabert durchs Wohnzimmer. Dann holen sie Kaffee-Likör aus der elterlichen Bar und gießen auch mir eine tiefe Tasse von dem Zeug ein. „Na, alles frisch, Mark?, fragt Jasmine grinsend und verschwindet dann aufs Klo.

Antje rückt zu mir herüber und schmiegt sich an mich an. Plötzlich spüre ich ihre Bereitschaft zur Hingabe – und eine Hand am Reißverschluss meiner Hose. Von Ost-Südfrüchten verklebte Finger berühren meine immer größer werdende Unschuld.

‚Heute werde ich das durchziehen', denke ich tapfer, denn mit Sandra hatte ich zwar fast alles ausprobiert, aber das Allerwichtigste stets knapp versäumt.

Als Jasmine zurückkehrt, verschwindet Antje überhastet im Bad. Diese Frau ist weniger kuschelig und starrt irritiert auf meine ausgebeulte Unterhose, die aus der Jeans herauslugt. „Biste eigentlich noch Jungfrau, Jungchen?", fragt sie kühl. „Wieso, willste bumsen?", pariere ich spontan. Mein Kopf nimmt wahrscheinlich gerade die Farbe von Kirschen oder Erdbeeren an, wenngleich hier nur Apfelsinen herumliegen. Aber Begierde macht womöglich auch meine Birne orange. „Na du bist vielleicht ein Musche Blix!", ruft sie empört und verlässt den Raum. Ich verstehe kein Wort.

Wenig später wirft sie mir eine Decke auf die Couch und verschwindet dann wortlos.

Bei Jasmine bin ich wohl etwas zu unanständig gewesen, aber dass Antje jetzt auch nicht zurückkommt, während meine Erektion fast schon schmerzt, schmerzt. Mit glühendem Schädel lege ich mich hin und starre ins Nirgendwo.

Es brennt noch eine Kerze und plötzlich erscheint die Silhouette einer Frau mit vollen Brüsten auf der gegenüberliegenden Wand. Zu viel Bier, zu viel KaLi, zu viel Stress, denn ich spüre zwei kühle Hände auf meinem Rücken. Als ich mich umdrehe, steht ein äußerst begehrenswertes Mädchen splitterfasernackt vor mir, deren Scham so feucht glänzt wie die Blätter des Regenwalds im Alfred-Brehm-Haus.

Jasmine legt mir einen Finger auf die Lippen, nimmt mein noch immer steifes Glied in die andere Hand und führt mich auf leisen Sohlen ins elterliche Schlafzimmer.

Sie entkleidet mich hastig und drückt mich aufs Bett. Dann beugt sie sich vor und kitzelt mit warmer Zunge meine Eichel. Ich spüre mein Blut durch die Arterien rauschen, als sie beginnt meinen Schwanz zu lecken, ihn kauend zu massieren und schließlich mit ihren Lippen ganz umschließt. Bis zur Schmerzensgrenze bin ich erregt und stöhne laut auf, denn immer schneller und gieriger beginnt sie an mir zu saugen. Mein harter Penis beginnt plötzlich in ihrem Mund zu pulsieren. Sie öffnet die Muskeln ihres heißen Schlunds und nimmt ihn mit festem Griff in die rechte Hand. Augenblicklich komme ich und spritze mein Sperma in hohem Bogen auf die Nachttischlampe. Sie lächelt wie eine Katze.

Ich zittere am ganzen Körper und schaue ihr verwundert in die bernsteinfarbenen Augen. „Alles gut, Jungchen?", fragt sie.

„Ich glaube ja", antworte ich noch immer schwer atmend. Dann schaue ich an ihr hinab. Der Schlitz zwischen ihren Beinen öffnet den Blick auf zartes, rosa Fleisch. Behutsam liebkose ich sie mit zwei Fingern und spüre ihr Begehren. Nun ist sie es, die sich immer intensiver unter mir windet und dabei lustvoll keucht. Mein bestes Stück ist längst wieder in Stellung gegangen, als mich Jasmine wegstößt und auf den Rücken dreht. Mit einer Hand führt sie mich in sich hinein und beginnt mich in kräftigen Stößen zu reiten.

Ich versuche dem Tempo zu folgen und beiße in ihre straffen Brüste. In einem ekstatischen Aufschrei bäumt sie sich ein letztes Mal auf und sinkt dann auf mich nieder. Noch Minuten später spüre ich die Scheidenwände zucken und höre mein Herz aufgeregt schlagen.

Dass Sex als beteiligter Akteur viel aufregender als Tessis Pornoheft sein kann, hätte ich kaum für möglich gehalten.

Ich verzichte nach meiner Premierennacht darauf, nach Prerow weiterzureisen. Denn als mich Jasmine am nächsten Morgen mit leichtem Silberblick „Markiboy" nennt und ins Bad unter die heiße Dusche zieht, wo ich nicht mehr die blaue Badehose aus alten Tagen tragen muss, weiß ich: Ich bin gekommen, um zu bleiben.

Erst am 19. Juli muss ich zurück in Berlin sein. Bruce Springsteen spielt am Dienstag in „My Hometown" an der Radrennbahn in Weißensee.

Ich war das!

Am 18. Januar 1988, einem Montag, knapp einen Monat nach der Geschichte mit der Schmiererei an unserer Schule, kommt mir Bergi entgegen gerannt. Der sonst so schweigsame Typ ruft aufgeregt: „Haste gestern Abend Nachrichten gehört?" Ich weiß natürlich, dass er die von ARD, ZDF oder von RIAS im Radio meint, verneine jedoch. „Dann weißte ja leider nicht, wie der Andi-Spruch ausgeht." Er deutet auf die Rosa-Luxemburg-Schule. „Nee, spuck's aus", brülle ich, doch er antwortet nur: „Komm mal heute Abend mit deinem Rekorder zu Onkel Lenin. Um 20 Uhr berichten sie noch einmal darüber." Er lässt mich im Regen stehen und erzählt mir auch nicht, was das „darüber" zu heißen hat.

Am Abend fummele ich sechs neue R14-Batterien in meinen SKR700 und laufe in eisiger Kälte zum Treffpunkt im Schatten des Lenindenkmals. Meine Jungs wollen hier Uta zum Geburtstag überraschen. Es sind die üblichen Verdächtigen da, doch im Gegensatz zu mir interessiert die anderen eher der Fruchtsaftlikör – Marke Kirsch mit Whisky – als die bevorstehende Sendung des „Rundfunks Im Amerikanischen Sektor". Kurz bevor es losgeht, versammelt sich die Truppe dann aber doch vor meinem anthrazitfarbenen Jugendweihe-Rekorder. Der Himmel über Lenin ist gerade gesprenkelt von Sternen.

Die Reportage beginnt: „Freiheit ist immer die Freiheit des Andersdenkenden. Dieser Satz Rosa Luxemburgs stand auf einem selbst gefertigten Plakat von unabhängigen Gruppen, die sich an einer offiziellen Demonstration zum Jahrestag der Ermordung von Luxemburg und Karl Liebknecht in Ostberlin beteiligten. Insgesamt wird den aktuellen Angaben nach von über 100 Festnahmen berichtet. Wolfgang Hauptmann weiß Näheres aus Ostberlin..."

Genau in diesen Sekunden beginnt meine persönliche Metamorphose. Sie leitet die Wandlung eines kleinen, dummen Jungen mit allerlei Flausen im Kopf hin zu einem bewusst denkenden Menschen ein. Erstmals erfahre ich, dass es so etwas wie eine Opposition in unserem Lande gibt, erstmals begreife ich, dass es Menschen gibt, die sich für eine andere DDR einsetzen und erstmals mache ich mir über ein Zitat der bei uns so verehrten Rosa Luxemburg wirklich Gedanken. Auch wenn ich es zu diesem Zeitpunkt noch gar nicht richtig verstehe, erschüttert mich, dass es weder die Eltern noch unsere Lehrerin Frau Wagenbach kannten.

Ich sehe in die Gesichter meiner besten Freunde. Auch sie lauschen gespannt der Reportage. Wir hören, dass sich die Szenen ganz in der Nähe am Frankfurter Tor abgespielt und wir diese nur deshalb verpasst hatten, weil die Teilnahme an dieser Demo freiwillig gewesen war. Als ich vom Radio wieder auf das Kassettenfach wechsele, nimmt Andi die Pulle KiWi in die Hand und brüllt: „Freiheit ist trotzdem immer auch die Freiheit des Andi!" Er nimmt einen gewaltigen Schluck. Allmählich kehrt die Farbe in unsere Gesichter zurück – wir grinsen und sind wieder 15-jährige Jungs mit allerlei Flausen im Kopf.

Es war genau diese Freiheit der Andersdenkenden auf dem Plakat des 17. Januar 1988, welches den Anfang vom Ende der DDR einläutete. In die Fänge der Staatssicherheit gerieten an jenem Tag Mitglieder der „Berliner Umweltpolitik", ein Liedermacher und Leute der „Initiative für Frieden und Menschenrechte". Viele von ihnen setzten sich für Reformen und für die Aufhebung von Berufsverboten ein und etliche der Demonstranten wurden alsbald ausgebürgert oder vom Westen aus Gefängnissen freigekauft.

Es begann eine Zeit, in der sich niemand mehr versteckte, in der Menschen, welche die DDR verlassen wollten, dies auf Plakaten, Handzetteln oder bei spektakulären Aktionen auch zeigten. Auf die Frage „Wer war das?" lautete die Antwort nun immer öfter: „Ich!" Die friedliche Revolution hatte begonnen, da die Zahl dieser Menschen bis zum November 1989 ein für die vergreisten SED-Herrscher immer bedrohlicheres Ausmaß annahm.

Und wisst ihr was? Erst heute, über 30 Jahre danach, habe ich begriffen, dass ich von Anfang an irgendwie mit dabei gewesen bin. Für mich begann „die Wende" in meinem geliebten Friedrichshain demnach schon im Dezember 1987 mit einem unvollständigen Satz an der verhassten Nachbarschule Rosa Luxemburg. Der Revoluzzer der ersten Stunde war damals nur bis zum „A" gekommen und bis heute frage ich mich: „Wer war das?"

Die Wende

Mein Geburtsort, dieses Land namens DDR, wird 30 Jahre nach dem Mauerfall oftmals nur noch auf eiskalte Mauerschützen, höllengleiche Stasi-Gefängnisse, brutale Kinderheime und Staats-Doping reduziert. Auf ein graues, verlogenes Land voller Duckmäuser, Wegschauer, Denunzianten und Feiglinge, die sich permanent gegenseitig bespitzelten und in einer Atmosphäre der ständigen Angst vor dem unerbittlichen Staatsapparat lebten. Und wenn sie selbst mal in Bedrängnis gerieten, riefen alle im Chor: „Ich war das nicht, sondern der da!"

Vor ein paar Jahren wurde mir sogar das Wort „Wende" von einem CDU-Politiker verboten. In einer Talkshow betonte er mehrfach, dass dies ein Begriff der SED-Führung gewesen sei.

Richtig, insbesondere Egon Krenz hatte es in seiner kurzen Honecker-Nachfolgezeit sehr oft in den Mund genommen und wurde dafür, wie etliche seiner Genossen, als „Wendehals" beschimpft.

Dennoch, für mich ist und bleibt die „Wende" ein positiv besetzter Begriff. Er steht für einen Prozess des Wandels in der DDR, der zum Ende der SED-Herrschaft führte. Ein Prozess, der, ausgehend von kirchlichen Initiativen und Demonstrationserfolgen des Volkes, auch als friedliche Revolution bezeichnet wird und schlussendlich zum Mauerfall im November 1989 führte.

Eigentlich dachte ich vor 10 Jahren, in meinem Buch „Mauergewinner" alle für mich wichtigen Erlebnisse aus meiner Kindheit und Jugend erzählt zu haben und es gäbe nichts mehr von mir beizusteuern. Dabei ging es mir gar nicht darum, die gängigen Vorurteile über die DDR argumentativ zu entkräften, sondern ich wollte ihnen etwas anderes entgegensetzen oder wenigstens hinzufügen: meine persönliche Erfahrung und meine eigenen Erlebnisse mit den Menschen, die dieses Land bewohnten.

Mein erstes Buch, welches ich im stillen Kämmerlein heruntergehämmert hatte, haben mittlerweile viele Freunde, Bekannte und natürlich alle Familienmitglieder gelesen. Sie machten mich darauf aufmerksam, dass ich vor allem etliche Dinge aus unserem Schulalltag vergessen hatte. Das wollte ich nicht auf mir sitzen lassen!

Ich habe mich bei meinen Geschichten diesmal auf Ereignisse, die in meiner Schulzeit bis zum Jahr 1988 stattfanden, konzentriert. Zum einen lag dies daran, dass ich nach dem Wechsel auf die Erweiterte Oberschule (EOS) viele neue Menschen und Freunde kennengelernt habe. Die unzähligen Namen hätten nicht nur den Leser, sondern auch mich beim Schreiben unter Umständen überfordert. Außerdem sind die Jahre 1989 und 1990 derart spannend und aufregend gewesen, dass ich sie nicht in vier oder fünf kurzen Geschichten abhandeln wollte. Zum anderen stammten gerade aus dieser Zeit viele meiner prägendsten Erlebnisse.

Es gibt über die DDR – gemessen an ihrer damaligen Einwohnerzahl – Millionen Erinnerungen. Dies sind meine ureigenen; ich bin sozusagen nur ein Blatt im Dschungel von Deutungen über dieses Land. Meine Geschichten sollen nichts verniedlichen, verharmlosen oder gar überhöhen. Ich wünsche mir die DDR wahrlich nicht zurück oder trauere ihr nach. Das Gerede von der guten, alten Zeit ist mit Sicherheit auf beiden Seiten der Mauer sentimentaler Blödsinn.

Allerdings weiß ich, mit dem Abstand von Jahrzehnten, dass ich eine sehr fröhliche Kindheit und Jugend verlebt habe, mit dem Glück, mit 18 Jahren die Wende und den Mauerfall miterlebt zu haben, sodass mir die hässlichen Dinge wie die Nationale Volksarmee, Marxismus-Leninismus-Seminare, Stasi-Anwerbeversuche und andere unschöne Episoden erspart geblieben sind.

Seit über 20 Jahren bin ich zudem sehr glücklich mit einer westdeutschen Frau liiert. Zwischen der kleinen Pfälzerin und mir gibt es dieses ganze Ossi-Wessi-Ding schon lange nicht mehr. Wir erkunden auf Reisen zusammen eine faszinierende Welt, wo Osten und Westen lediglich Himmelsrichtungen sind. Auch darüber habe ich schon ein paar Zeilen geschrieben, nur interessieren sich die Leserinnen und Leser anscheinend viel mehr für die reichhaltige Geschichte meines verschwundenen Heimatlandes.

Wie immer habe ich fast alle im Buch vorkommenden Namen geändert, aber die entscheidenden Protagonisten werden sich mit Sicherheit wiedererkennen. Auf jeden Fall seid ihr in meinem Herzen bis heute als feine Leute fest verankert!

Und hier auch gleich noch ein Appell an euch: Ich kann nur über meine eigenen Erfahrungen berichten. Daher der Aufruf an all meine ehemaligen Mitbewohner in unserer großen sozialistischen Wohngemeinschaft: Schreibt ihr es bitte als Zeitzeugen auf, damit es nicht in Vergessenheit gerät. Und fangt noch heute damit an!

Zum Abschluss gibt es noch vier persönliche Geschichten, die ich ausdrücklich einer guten Freundin, meinem geliebten Bruder, meiner wunderbaren Mutter und meinem viel zu früh verstorbenen Vater widme.

Mädchen aus Westberlin

Was wäre eigentlich geschehen, wenn ich nur wenige Kilometer entfernt, im Westteil meiner Heimatstadt, als Mädchen zur Welt gekommen wäre?

Ich fackelte nicht lange. In knapp 50 Minuten brachte meine Mutter die Entbindung im Virchow-Krankenhaus über die Bühne. Wenn ich mich erst einmal für etwas entschieden hatte, machte ich kurzen Prozess. Ruck zuck ging das!

„Is det schön uffe Welt zu sein", waren mit Sicherheit meine ersten Worte, denn bis heute berlinere ich total. Erzeugt wurde ich in Kreuzberg im zweiten Hinterhof und zusammen mit meiner Schwelle zogen wir alsbald nach Schöneberg. Knapp zehn Jahre vor meiner Geburt wurde die Mauer errichtet. Nicht auszudenken, wenn ich im Osten aufgewachsen wäre, denn mein Name Marla kann neben „die Strahlende" auch „die Verbitterte" bedeuten.

So konnten Bananen in den Babybrei zerdrückt und Pampers-Windeln gekauft werden. Das erste Wickeln übernahm übrigens mein Vater, da er durch Betty noch etwas in Übung war. Nach nur fünf Tagen Lebenszeit – ich war wieder einmal ordentlich eingematscht – legte er mich über den Arm und duschte mich! Es hält sich seitdem das Gerücht, dass mein legendärer Duschzwang, der zum Leidwesen der Familie besonders in der Pubertät zu Tage trat, daher rührt.

Neugierig zog ich mich an den Gitterstäben des Kinderbettes hoch und schaffte es bereits mit einem Jahr, Kartoffel-Möhrchen-Allerlei von Alete über die Brüstung zu kotzen, weil ich ja nun schon stehen konnte. Unsere Mutter behauptet, dass zu meinen herausragenden Eigenschaften schon immer die Freiheitsliebe zählte – und relativierte das dann in Starrköpfigkeit (ein Erbstück des Papas).

Bereits im Kindergarten verweigerte ich die Essensaufnahme, unabhängig von drohenden Konsequenzen, wie in der Ecke sitzen, während alle anderen futterten. Ich kommentierte das immer entspannt mit: „Na jut, dann warte ick eben auf meine Mama", die mich regelmäßig bereits mittags abholen musste, weil ich mich auch sträubte, Mittagsschlaf zu halten. Die „kleine Raupe Nimmersatt" war ich somit nicht und statt zu schlafen, blätterte ich lieber in den Fix-und-Foxi-Heften herum.

Gleichzeitig entwickelte ich das Talent, zügig Sachen unter die Leute zu bringen (kein Erbstück, aber O-Ton meiner Mutter). Bereits im zarten Alter von sechs Jahren kommentierte ich den Taschengeldentzug – bis zur Neubeschaffung des zum x-ten Mal verlegten Turnbeutels – mit der trockenen Rechnung, wie lange es nun dauern würde, bis die Zahlungen wieder einsetzten. Ich zählte dann an den Fingern ab und rief: „Fünf Wochen, na jut!"

Der wichtigste Mensch in meiner Kindheit war meine Schwester Betty, die drei Jahre vor mir geboren wurde. Damals wurde ich von ihr nicht Marla, sondern einfach nur „Dicke" gerufen, weil ich so dünn war und sogar „McDonald's" boykottierte. Als Große achtete sie stets wie eine Löwenmutter auf das neue Familienmitglied und verteidigte mich mit in die Hüften gestemmten Armen gegen die bösen Jungs. „Is wat?" rief sie ihnen drohend mit der geballten Faust zu und bewarf sie mit Playmobil-Figuren. „Das war spitze", riefen die anderen Mädchen, wie bei „Dalli Klick" mit Hans Rosenthal, und teilten Tattoos aus ihren Bazooka-Kaugummis mit uns.

Nach einem Unfall auf dem Spielplatz schleppte sie mich heldenhaft unter das Fliegenpilz-Häuschen und dann bis in den 3. Stock der Altbauwohnung. Dort angekommen, waren wir blutüberströmt, da ich trotz all ihrer Warnungen mit dem Kopf zuerst die Rutsche heruntergesaust war und dort nun ein riesiges Loch klaffte. Vater fuhr bei dieser Gelegenheit erstmals in Hauslatschen mit unserem graublauen Ford ins Krankenhaus. Betty blieb derweil zu Hause und wurde ans Telefon gesetzt, da Mutter Bereitschaftsdienst hatte.

Wir Mädchen verstanden uns prima und spielten abends im Bett immer „Pippi Langstrumpf" mit verteilten Rollen. Viele

Texte der Schallplatten und Kassetten konnten wir bald auswendig. Allerdings beschwere ich mich bis heute bei Betty, dass ich niemals „Pippi" sein durfte. Aber das Leben als kleinere Schwester war eben manchmal kein Ponyhof. Zudem war ihrer Meinung nach immer klar, wem ich bei „Dick & Doof" ähnelte. Auch das guckten wir neben „Biene Maja", „Sesamstraße" und „Fünf Freunde" super gern, bis wir endlich im „Dallas- und Denver-Alter" waren.

Außerdem begeisterten wir jeden rauchenden Gast unserer Eltern damit, dass wir nur mit Hilfe unserer Zehen ein Streichholz herausfummeln und dieses auch anzünden konnten. Damit hätten wir sicher sogar bei „Wetten, dass..?" auftreten können.

Angst hatte ich als Kind fast nie und turnte sogar eine Zeit lang halsbrecherisch an Schwebebalken und Stufenbarren im Verein. Als ich jedoch auf der Tempelherren-Grundschule den Freischwimmer machen sollte, stand ich lange zögerlich wippend auf dem Brett und traute mich nicht zu springen. Mein Vater, der mit anderen Eltern im Becken war, schrie von unten: „Wenn du springst, kriegst du ein Bonanza-Rad und ein Eis." Schwuppdiwupp, war ick drinne! Das rote Kultfahrrad ersetzte das Kettcar und die Liebe zum Wasser (in Verbindung mit Langnese-Eis und Caprisonne) sollte mich ein Leben lang nie wieder loslassen.

Und die richtige Liebe? Auf der Oberschule – ich war so irre intelligent, dass ich sogar aufs Gymnasium musste – stellte meine Freundin Carola den ersten Kontakt zu Stefan Nr. 2 her. Sein Namensvetter (Stefan der Erste) war bereits wegen ständiger Nörgelei abgeschafft worden. Mutter fiel allerdings schon damals auf, dass die geliebte Tochter immer drei Schritte hinter diesem Macho herlaufen musste. Auf Rollerdiscos, wenn seine Kumpels mit dabei waren, sogar bis zu fünf. Trotzdem gab es dort den ersten umständlichen Zungenkuss.

Alsbald wurde unsere Familie vornehmer, denn wir zogen in ein eigenes Haus in Mariendorf. Bevor es soweit war, musste „Kolonne Scheppert" jedoch wochenlang uff'n Bau. Das bedeutete, dass Mutter und Betty Steine schleppten, Vater im Acker (dem späteren Garten) buddelte und ich stundenlang fegte. Nach getaner Arbeit trank Vater einen Whiskey, Mutter einen Wodka und für Betty und mich gab es ein Gläschen Eierlikör von Verpoorten.

Mein Zimmer hatte ich liebevoll in Pink gestrichen – inklusive des Heizkörpers – und Bildchen aus der „Freundin" klebten rund um den Türrahmen. Zunächst hatte ein lebensgroßer „George Michael" aus Bravo-Posterteilen die Wand geziert, bevor die süßen Jungs von „Duran Duran", „Depeche Mode" und „Tears for Fears" das Kommando übernahmen. Die rosa Wände mussten dann natürlich schwarz-weiß gefärbt werden – inklusive der Heizstäbe!

Aus dem Doppel-Kassettenrekorder erklang nun tagelang „The Wild Boys". Ich hatte den Song fünfmal hintereinander aufgenommen, bevor dreimal „People Are People" lief, womit ich meine Familie fast in den Wahnsinn trieb. Vater nannte uns bald nur noch „Wild Girls" oder „Tochter A und Tochter B", weil auch für ihn diese Lieder nun schon Ohrwürmer waren.

Richtig hassenswert fand er nur Schlagermusik und verschwand beim Erklingen von Roland Kaiser, den Mutter so gerne hörte, schleunigst in den Garten. Wenn sie die Karel-Gott-Platte abspielte, ergriff er sogar Hals über Kopf die Flucht und nannte ihn abschätzend „Karel Pott, den brustkranken Neandertaler". Aber auch Nicoles „Ein bisschen Frieden" fand er doof, wobei er wiederum „Schlager der Woche" mit Lord Knut im RIAS ganz okay fand, weil dort nämlich keine gespielt wurden, sondern Rock- und Popmusik.

Apropos Vater und Tochter: Obwohl ich meine Eltern immer gleichermaßen liebte, bin ich eindeutig „Vaters Tochter", denn nicht nur die Dickköpfigkeit habe ich von ihm. Auch die Gelassenheit, mit Dingen umzugehen, die eh nicht zu ändern sind, erbte ich augenscheinlich. Auf vielen alten Fotos ist sogar zu erkennen, dass wir oftmals die gleiche Mimik und Gestik haben. Außerdem konnte nur ich die so genannten „Scheppert-Nudeln", eine Kreation aus Makkaroni, Tomatensoße, klein geschnippelter harter Wurst, geriebenem Edamer und einem Schuss zerlassener Butter so perfekt kochen, wie es uns Vater einst beigebracht hatte. Wir waren „ein Herz und eine Seele", wie der Titel seiner Lieblingsserie aus den 70igern.

Nur seine Sportbegeisterung konnten wir Mädchen nie teilen und gaben ihm nach je einem Spiel bei der Hertha im Olympiastadion und den Preußen in der Eissporthalle eine lebenslange Absage für solche Veranstaltungen. Nicht einmal Boris Beckers Siege in Wimbledon und die prollige Trabrennbahn bei uns in Mariendorf wussten wir seiner Meinung nach gebührend zu würdigen. Dafür ließen wir unseren ehrgeizigen Vater im „Mensch-ärgere-Dich-nicht", beim „Mau-Mau", im „Monopoly", oder auf der Minigolfanlage öfter mal gewinnen.

Zeitgleich mit der Kündigung des Bravo-Abos, der Entsorgung des Monchichis, des rosa Scout-Schulranzens und vor allem des Pupskissens änderte sich meine Kleiderordnung. Waren zunächst noch dicke Schminke, die von Mami abgelegten Miniröcke, Hotpants und beinbrecherische Schuhe angesagt, folgten darauf olle Jeans, Cowboystiefel und die „coolen" Klamotten des Vaters. Besonders seine Hemden und die legendäre braune Cordjacke hatten es mir angetan. Alle weiblichen Familienmitglieder erinnern sich noch an das empörte Gesicht, als er mit seinem, auf dem Rücken mit Beulen versehenen, V-Ausschnitt Pullover vor dem Spiegel stand. Die Frau von Welt trug dieses Kleidungsstück nämlich vorzugsweise falschherum. Eine „Tussi" war ich eigentlich nie, aber ich konnte mich auch richtig „aufbretzeln". Als es einige Jahre später im Familienurlaub an der Côte d'Azur mal ins Casino gehen sollte, wurde Mutter zu Hause gelassen und ich schnappte mir ihren Ausweis. Ohne weiteres wurde ich als mondäne Begleitung hineingelassen. In dieser Zeit gehörten ja auch „Vom Winde verweht", „Pretty Woman", „Dirty Dancing" und „James Bond" zu meinen Lieblingsstreifen.

Während des Abis, welches ich mit maximalem Erfolg bei minimalem Aufwand abschloss, fuhr ich mit meiner besten Freundin Conny nach London, um dort gackernd nach neuen Modetrends Ausschau zu halten, die zu unserem Musikgeschmack passten. Als ich dann auch noch den Führerschein in der Tasche hatte, war sowieso alles schick. Allerdings wäre mein Fahrlehrer dabei fast an einem Kreislaufkollaps gestorben – und das nicht nur bei der Autobahnfahrt auf der AVUS. Meine allererste Amtshandlung beim Selbstfahren war es dann, den Schaltknüppel an Mutters Renault R4 abzubrechen. Vater musste uns, die ganz betröpfelt in Kreuzberg in der Nähe des Schlesischen Tors standen, abschleppen. Der R4 wurde entsorgt und ich wurde in die Generation Golf aufgenommen.

Einen Teil der Kosten für den Führerschein hatten die Eltern spendiert, aber in den Ferien erarbeitete ich mir stets mein eigenes Geld als Bedienung im Eiscafé im Schwimmbad am

Insulaner. Vom ersten Gehalt beschenkte ich alle großzügig. Betty denkt noch heute gern an die bordeauxfarbenen Ballerinas, die sie von mir überreicht bekam und dann jahrelang überglücklich trug. Ich gab allerdings immer komplett aus, was ich besaß – vorzugsweise im KaDeWe, bei Wertheim, bei Renner, in der Pizzeria oder auf dem Trödelmarkt.

Im Sommer 1988 stand ich lange unter Schock, weil Betty zu ihrem Freund nach Münster gezogen war und dort auch zu studieren begann. Aber am Ostersonntag 1989 stand sie plötzlich mit Sack und Pack vor der Tür in Mariendorf und sagte, als sei nichts gewesen: „Ich bin weg von dem Spinner und wohne jetzt wieder hier." Alle freuten sich. Vater genehmigte sich einen Whiskey, Mutter trank ein Gläschen Wodka und ich köpfte mit meiner Schwester eine Flasche Sekt und hörte mit ihr grinsend „Come back and stay" von Paul Young.

Etwa zu jener Zeit traf ich einen alten Bekannten wieder, mit dem ich fortan durch das nächtliche Berlin – diesmal ohne Kinderscheckheft – tingelte. Stefan 2 war wieder aufgetaucht. Wir gingen nun jedes Wochenende zusammen in Discos wie das Rock It, Far Out oder den Dschungel und manchmal zu Live-Konzerten ins Tempodrom-Zelt oder in die Deutschlandhalle. Schnell entflammte „The Power Of Love" erneut und diesmal wahrlich nicht auf Sparflamme. An meinem 18. Geburtstag erklärte ich vor versammelter Mannschaft so beiläufig, wie ich es von Betty gelernt hatte: „Wir wollen heiraten und nach dem Abi ziehe ich nach Hamburg." Whiskey, Wodka, Sekt – eine Party im Kreis der Familie. Nur die von Mr. Macho noch immer nicht sonderlich begeisterte Mutter fragte besorgt: „Ist das dein Ernst? So ganz ohne Grund ist das aber nicht üblich! Und dein Studium?" Ich antwortete: „Das Leben ist viel zu kurz, um nicht mal was zu riskieren", ahnte aber, dass ich mein geliebtes Berlin mit einem lachenden und einem weinenden Auge verlassen würde.

Vorher gab es allerdings noch zwei große Ereignisse. Betty hatte sich in der Zwischenzeit in einen Popper mit Mittelscheitel aus Zehlendorf verknallt und war schwanger geworden. Als sich die kleine Laura endlich mühsam herausquetschte – im Kreißsaal sah es aus wie nach der Völkerschlacht –, drückte mir der Vater fix und fertig das Baby in die Hand und sagte: „Ich muss erstmal eine rauchen."

Als frischgebackene Tante nahm ich das kleine Ding mit dem hilflos wirkenden Blick liebevoll in die Arme. Auch wenn ich Noah (meinen zwei Jahre später geborenen Neffen) gleichermaßen liebe, stellen unsere Familienmitglieder bis heute des Öfteren fest, dass Laura und ich recht artverwandt sind.

Die Mauer spielte in meinem Leben – bis auf zwei extrem schockierende Besuche bei sächselnden Verwandten in Karl-Marx-Stadt und einen verstörenden Klassenausflug nach Ostberlin mit 25 Mark Zwangsumtausch – nie eine große Rolle. Okay, als Kinder schauten wir lieber das Ostsandmännchen und manchmal fuhren wir auch mit dem Auto durch die „Zone", beispielsweise zum Skilaufen nach Österreich, um dort den „Johannes-Hofer-Einkehrschwung" von Vater zu erlernen.

Als Ronald Reagan im Juni 1987 vor dem Brandenburger Tor rief: „Mr. Gorbachev, tear down this wall!", war mir das völlig schnuppe. Mein politisch engagierter Freund Joachim hingegen fuhr öfter mal nach Drüben und beschmierte sogar Ostberliner Schulen mit dem Reagan-Spruch und Zitaten von Rosa Luxemburg, ohne jemals dabei erwischt zu werden, soweit ich weiß.

Mir hingegen war die Nachbarstadt total egal und genauso weit weg wie Peking, Moskau oder Ulan Bator, selbst wenn ich mit der S- oder U-Bahn unter ihr durch tote Bahnhöfe hindurchfuhr. Und auf die Mauer prallte man nur durch Zufall. Sie war meist bunt besprüht und dennoch kaum wahrnehmbar.

Die Insel Berlin war in meiner Kindheit riesengroß, extrem grün und vor allem sehr friedlich. Man konnte sich locker verlaufen und es wurde nie langweilig. Spätestens ab 15 war ich im Urlaub immer regelrecht stolz darauf, hier zu leben, denn bei uns gab es die größte Konzentration an Punks, Alternativen, Poppern, Skins, Wavern, Teds, Autonomen, Rastafaris, Heavys, Prolls, Ökos, Pennern, Gruftis, Breakdancern, Freaks, Säufern, Straßenkindern und nur wenigen Normalos.

Den Mauerfall habe ich schlicht verpennt, doch am 10. November 1989, nachdem die Straßen plötzlich von mit Stone washed Jeans und ballonseidenen Blousons bekleideten Menschen überfüllt waren, fuhr ich mit Betty zum Lehrter Stadtbahnhof, um mir am Grenzübergang Invalidenstraße das Spektakel anzuschauen. Wir kamen mit zwei freudestrahlenden Jungs (Ottmar und Mark) aus Ostberlin ins Gespräch, denen wir spontan jeweils einen Zehner in die Hand drückten. Später trafen wir sie durch Zufall wieder und begleiteten sie durch eine denkwürdige Nacht, die in einem absurden Kellerclub in der Nähe eines Leninplatzes endete. Mark brabbelte irgendwann, dass die DDR für ihn mit dem heutigen Tag gestorben sei. Komisch: Auch für mich starb an jenem Tag mein Berlin, wie ich es gekannt und über alles geliebt hatte. Aber etwas Neues, Spannendes begann.

So wäre es also gewesen, wenn ich in Westberlin zur Welt gekommen wäre. Ganz bestimmt! Ich schwöre! Pionierehrenwort!

Pappchinesen

Benny und ich waren die Sammelkinder der Mollstraße. Wir wuchsen in den achtziger Jahren in Berlin-Friedrichshain auf und es gehörte mitunter zu unseren liebsten Freizeitbeschäftigungen, in dem Zeug zu stöbern, das andere wegwarfen, etwa um Fußballwimpel zu ergattern oder Mosaik-Hefte der „Digedags" aus dem Altpapier zu fischen. Wir kaupelten vor allem Matchbox mit unseren Freunden und Benny hob sogar die Figuren von Überraschungseiern auf, die er von Oma zum Geburtstag und zu Weihnachten bekam. Selbst Coca-Cola-Dosen, die rostig und verbeult vor dem Intershop lagen, stapelten sich auf dem Kinderzimmerschrank.

Natürlich sammelten wir auch Briefmarken.

Es ging uns nie darum, eines Tages damit reich zu werden. Die Mosaik-Comics suchten wir lediglich, weil wir wissen wollten, wie die Geschichte von Beginn an verläuft, und bei den Wimpeln, Cola-Dosen und Matchbox war nur wichtig, wer die „schönsten" Exemplare besaß. Benny liebte besonders den Pumuckl mit dem grünen Regenschirm aus dem Wunder-Ei des Westens. Für uns zählte nicht der materielle Wert, wir hatten die Dinge einfach lieb gewonnen.

Bei den Briefmarken war es anfangs ganz ähnlich. Mit meinem allerersten Album versuchte ich Benny lediglich in Größe und Farbenpracht zu übertreffen. Es interessierte mich nicht, was die einzelne Marke wert war. Hauptsache, sie war überdimensional groß, quietschbunt und bildete einen niedlichen Pandabären oder einen Fußballer aus Brasilien ab. Das änderte sich alles an einem bestimmten Tag.

Mein Vater, der sonst alles – vor allem sich selbst – nicht so wichtig nahm, erklärte uns mit bedeutungsschwerer Miene, dass wir bei den Briefmarken auch mal an eine Wertsteigerung denken sollten. Um dies zu untermauern, kletterte er auf den Hängeschrank und wuchtete drei verstaubte Alben herunter. Wir staunten Bauklötze: Viele seiner Marken konnten Geschichte erzählen. Wir erfuhren so, wer Bismarck, Kaiser Wilhelm, Columbus und Hitler waren. Wertmarken, die Aufdrucke von bis zu 500 Millionen Reichsmark besaßen, lehrten uns, was Inflation und Weltwirtschaftskrisen bedeuteten. Auch die Erbauung des Leninplatzes wurde auf einer Marke gefeiert. „Alles nichts wert", murmelte Vater, wenn wir ihn auf ein ungewöhnliches Exemplar hinwiesen. „Davon wurden Hunderttausende gedruckt. Die Blaue und die Rote Mauritius – also die teuersten Briefmarken der Welt – habe ich leider nicht", erklärte er, „dafür aber die beiden wertvollsten Marken der DDR!"

Als wir die unscheinbaren, gezähnten Schnipsel erstmals betrachteten, waren wir jedoch enttäuscht: Auf einer 20-Pfennig-Marke war ein chinesischer Soldat abgebildet, der aus dem Hintergrund von einem Mann beschossen wird, und auf einer 40-Pfennig-Marke sah man einen Uniformierten, der in einer offenen Staatskarosse zusammen mit Walter Ulbricht vor dem Brandenburger Tor durch eine Menschenmenge fuhr. Nichts Besonderes also, doch als uns Vater die Namen der Marken verriet, kugelten wir uns vor Lachen auf der Auslegware.

„Nun kriegt euch mal wieder ein", rief er lächelnd und erzählte uns deren Geschichte.

Die erste Marke habe nur deshalb Berühmtheit erlangt, weil der darauf abgebildete Mann mit dem Helm eigentlich einen NVA-Soldaten habe darstellen sollen.

Doch irgendetwas war mit dem Postwertzeichen schiefgelaufen, das 1958 zum 40-jährigen Jubiläum der Novemberrevolution gedruckt worden war, denn die Gesichtszüge des Soldaten waren eindeutig asiatisch. Aufgrund der missratenen Darstellung oder weil es so ausgesehen habe, als ob der Mann im Hintergrund dem anderen mit dem Gewehr in den Hinterkopf ballert, sei die Marke nur wenige Stunden nach ihrer Herausgabe am 7. November 1958 um 10 Uhr zurückgezogen worden. Der Volksmund hatte schnell einen passenden Namen für das verunglückte Motiv gefunden: „Pappchinese". Die postfrischen Marken dieses Motivs bekäme man noch heute, erklärte uns Vater, doch seine Marke sei deshalb so wertvoll, weil er eine der wenigen Exemplare besäße, die am 7. November abgestempelt worden seien.

Die Story zur zweiten Marke fanden wir fast noch spannender: Der Mann, der mit Ulbricht winkend auf der Straße Unter den Linden entlangfährt, war der sowjetische Kosmonaut German Titow. Er sei der zweite Mensch im Weltall gewesen und hier nach seiner Erdumrundung 1961 auf seiner Fahrt durch Berlin zu sehen.

Das Besondere an der Marke – Vater holte eine Lupe – befände sich auf der Handfläche Titows. Dort habe ein Konspirateur, kurz bevor die Marke in den Druck gegangen sei, ein kleines, schwarzes Hakenkreuz hineingeritzt, was den Prüfern entgangen war. Der Verursacher sei in den Westen geflüchtet. Die Marken, die fortan in der DDR „Schlimme Finger" geheißen hätten, seien verboten und eingestampft worden. Einige, gestempelt von der Post der DDR, waren dennoch in den Umlauf gekommen. Vater besaß sogar einen Ersttagsbrief davon.

Obwohl Titow Zeit seines Lebens im Schatten des berühmten Vorgängers Juri Gagarin gestanden habe, seien seine „Schlimmen Finger" zusammen mit dem „Pappchinesen" zu den berühmtesten und wertvollsten Briefmarken, sozusagen zur „Roten und Blauen Mauritius der DDR", geworden – erzählte mein Vater.

Benny und ich leckten Blut. In den nächsten Monaten besuchten wir etliche Freunde und ließen uns ihre Alben und die ihrer Eltern zeigen. Besonders Mädchen konnten wir leicht zu einem Tausch überreden, denn für ein paar Marken mit blaugelben Fischen gaben sie oftmals das her, worauf wir es abgesehen hatten. Kopfschüttelnd, ob unserer vermeintlichen Blödheit, übergaben sie uns die begehrten Werte.

Nach zwei Jahren besaßen wir vier abgestempelte „Pappchinesen", zwölf „Schlimme Finger" und mehr als doppelt so viele Druckfrische. Die Sammelkinder der Mollstraße waren nun endlich auch unfassbar reich geworden!

Dann kam die Wende, der Mauerfall, der Auszug bei den Eltern. Andere Dinge waren plötzlich viel wichtiger geworden und unsere Sammelobjekte gerieten in Vergessenheit oder wurden kurzerhand von Mutter im Müllschlucker entsorgt. Nur meinem Bruder ist es zu verdanken, dass die Mosaike, Matchbox und Ü-Ei-Figuren überlebten. Seine Kinder lesen heute die „Digedags" mit gleicher Begeisterung wie wir, veranstalten mit unseren Autos Wettrennen und bestaunen die uralten Hartplastfiguren. Benny erfuhr irgendwann, dass sein Pumuckl mit dem Regenschirm mittlerweile einen Katalogwert von 775 Euro besitzt. Unsere Briefmarkenalben jedoch galten lange als verschollen – bis mein Vater starb. Nein, er hatte sie nicht gestohlen oder die wertvollsten Stücke verkauft. Sie wurden von ihm lediglich aufbewahrt, um uns eine sorgenfreie Zukunft zu ermöglichen.

Deshalb bin ich froh, dass er folgende Zeilen nicht lesen muss: Weltweit gibt es von der Blauen Mauritius noch acht gebrauchte und vier ungebrauchte Exemplare, bei der Roten Mauritius sind es zwölf und zwei. Sie sind damit weder die seltensten noch wertvollsten Briefmarken der Welt. Dieser Titel gebührt seit 2014 der „British Guiana" (One-Cent-Magenta). Die seltene Briefmarke aus dem 19. Jahrhundert kam bei Sotheby's für unglaubliche 9,5 Millionen Dollar unter den Hammer.

Leider ist auch unser „Pappchinese" keineswegs die wertvollste Marke der DDR, weil deren Geschichte nur halbwegs korrekt war. Der Wert wurde zwar am 7. November aus dem Verkehr gezogen, aber vom 11. bis 21. November nochmals zugelassen. Nur die Marke mit einem Sonderstempel ist etwas seltener. Alle anderen – sogar unsere am 7.11.1958 in Karl-Marx-Stadt frankierte – bekommt man bei Ebay für unter 25 Euro.

Noch verheerender ist die Wahrheit über die „Schlimmen Finger", denn hier stimmte eigentlich gar nichts. Die DDR-Marke, auf der Kosmonaut Titow mit Ulbricht durch Berlin fährt, wurde in einer Auflage von drei Millionen Exemplaren gedruckt – und niemals aus dem Verkehr gezogen! Die Darstellung in den Innenhandlinien ist eine Art Vexierbild, in dem man lediglich mit viel Fantasie Andeutungen für die Umrisse eines Hakenkreuzes erkennen kann. Die Geschichte um die Marke existiert zwar in diversen Publikationen, dennoch wurde sie als zeittypische Überreaktion entlarvt, der auch mein Vater anheimgefallen war. Sogar den Ersttagsbrief bieten Menschen im Internet daher für einen Euro zuzüglich Versandkosten an. Sie ist also im Prinzip gar nichts wert. Außerdem war German Titow nach Gagarin und zwei Amerikanern lediglich der vierte Mensch im Weltraum. So brutal werden Kindheitsträume zerstört.

Nein, werden sie nicht. Denn Benny, der bis zum heutigen Tag der allerbeste Bruder ist, den man sich wünschen kann, wird auch unsere Briefmarken aufbewahren und irgendwann an seine Kinder Laura und Michel vererben. Sie können das Wissen – unter Ausschluss der Wirklichkeit von Google und Wikipedia – über dieses verschwundene Land dann an ihre Nachkommen weitergeben. Und so wird die DDR, obwohl das einige Menschen ziemlich scheiße finden werden, ewig leben.

Muttis Mollstraße

Das Haus, in dem ich wohne, hat keine bewegte hundertjährige Geschichte auf dem Buckel und spielte auch in der Historie Berlins nie eine größere Rolle, doch für mich gehört der Tag, an dem ich dort einzog, bis heute zu den schönsten meines Lebens.

Endlich konnte ich der bröckelnden Mietskaserne des stets dunklen Hinterhofs in Prenzlauer Berg entfliehen; musste nicht mehr in einer Stube, die gleichzeitig das Schlafzimmer war, mit Mann und Kind nächtigen; keinen Boiler in der Küche rechtzeitig anschalten oder daran denken, den Kohleofen vorzuheizen.

Als ich die Räume am 5. März 1974 das erste Mal betrat, kam es mir vor, als wäre ich in einem Palast gelandet. Die Menschen, welche in jenen Jahren in die ab 1968 errichteten zehnstöckigen Bauten in der Mollstraße in Friedrichshain einziehen durften, empfanden das wie einen Fünfer im „Telelotto". Denn wer durfte damals schon in eine Neubauwohnung ziehen? Wer konnte im Stadtzentrum wohnen? Wir, unsere Familie – für 79,- Mark der DDR!

Da ich mit unserem zweiten Sohn schwanger war, hatten wir sie per Dringlichkeits-Antrag, über „Vitamin B" und natürlich mit unverschämt viel Glück bekommen. Allerdings verstanden etliche Leute nach der Wende oftmals nicht, wie geborgen wir uns mit vier Personen in den 54 m² all die Jahre gefühlt haben. Begriffe wie „Arbeiterschließfächer", „Platte" oder „Wohnklo" machten die Runde, wenn ich in Urlauben von unserem Heim erzählte. Deshalb möchte ich über das Haus, in dem ich bis heute wohne, ein paar Dinge klarstellen.

Obwohl sich meine Söhne Benny und Mark ein Zimmer mit Doppelstock- oder Rollbett teilen mussten, habe ich sie bis zu ihrem Auszug niemals jammern hören. Wahrscheinlich ahnten sie selbst, dass die Annehmlichkeiten einer Badewanne, Zentralheizung und die Lage in Berlin von unschätzbarem Wert waren. Als Kinder hüpften sie in das Planschbecken hinter der „Lenin-Kaufhalle", liebten den kurzen Weg zum Alex, die Fahrten mit der U-Bahn zum Tierpark oder spielten im nahe gelegenen Volkspark Friedrichshain Cowboy und Indianer.

Später mussten sie nur 300 Meter zur Schule laufen und trafen sich danach mit Freunden an den Tischtennisplatten zum „Chinesisch", auf dem Fußballplatz vor der Schlange (S-Block), am Leninplatz, oder tauchten bis tief in die Nacht in ihren geheimnisvollen Alfclub ab.

Für uns Erwachsene waren natürlich andere Dinge wichtiger. Der Fernsehturm erhob sich majestätisch vor dem Wohnzimmer im 9. Stock und zeugte davon, wie nah es ins Zentrum und zur S- und U-Bahn war. Die Straßenbahn und zwei Buslinien hielten direkt vor der Tür und sogar Kaufhallen, Cafés und Restaurants gab es in Fußnähe. Vom Schlafzimmer hatte ich einen guten Blick auf die Schule, die Turnhalle, den Sportplatz und die Schwimmhalle unserer Kinder.

Ich konnte zudem meinen Mann auf dem Parkplatz dabei beobachten, wenn er einen Umweg über seine Stammkneipe (familienintern „Scheppert-Eck" genannt) nahm, bevor er nach Hause kam und so tat, als wäre gerade erst Dienstschluss gewesen.

Am 9. August 1963 erhielt die Mollstraße nach dem 1813 in Köln geborenen Joseph Maximilian Moll, einem Mitglied des Bundes der Kommunisten, ihren Namen. Etwa zu dieser Zeit begann zwischen dem von Hermann Henselmann entworfenen Leninplatz und der Prenzlauer Allee die Neubebauung. Unser Block wurde im Jahre 1968 einzugsfertig.

Viele der ersten Mieter leben noch immer hier. Die Fluktuation war zu DDR-Zeiten derart gering, dass man sich regelrecht Sorgen machte, wenn man am Klingelschild einen neuer Namen entdeckte. Erst viele Jahre später wollten einige Nachbarn aus ihren zu groß gewordenen 3- oder 4-Raum-Wohnungen in kleinere ziehen und dennoch in der gewohnten Umgebung bleiben. Woran das lag?

Viele kennen sich seit der Zeit, als es noch Hausversammlungen gab, zu denen jeder einen Salat und diverse Getränke mitbrachte. Bei Bier, bulgarischem Rotwein, Weinbrand und „Blauem Würger" wurden rasch die Probleme im Aufgang erörtert, ehe wir zum Wesentlichen übergehen konnten – der Fete danach!

Auch bei den Wohngebietsfesten, die im Restaurant „Baikal" am Leninplatz stattfanden, wurden zunächst ein paar Urkunden verteilt, bevor man sich bei flotter Musik in Partystimmung tanzte und schnell interessante Leute – sogar Schauspieler, Sportler und Kommentatoren – kennenlernte.

Das Wort „Hausgemeinschaft" hatte damals einen anderen Stellenwert, denn man musste sich auf die Mieter verlassen können. Jedes Wochenende wurde eine Etage mit vier Parteien zum Wechsel der Müllcontainer im Keller (es gab dort auch einen Trocken- und Fahrradraum) eingeteilt. Selbst die Treppenhausreinigung und Vorgartenpflege erfolgten nach einem festgelegten Plan. Viele könnten sich so etwas heute sicher nicht mehr vorstellen, doch bei den geringen Mietpreisen waren solche Dinge einfach selbstverständlich. Es sah stets so ordentlich aus, dass unser Aufgang 1987 die „Goldene Hausnummer" verliehen bekam, welche gut sichtbar am Eingang angebracht wurde.

Vielleicht erhielten wir die „Auszeichnung für die besondere Pflege und Gestaltung des Hauses und Wohnumfeldes" ja auch deshalb, weil unser großer Sohn und seine Freunde einen gemütlichen Partykeller errichtet hatten. Obwohl Aufbaustunden unter Jugendlichen eher verpönt waren, staunten wir nicht schlecht, wie sie das Projekt in Eigeninitiative vorantrieben. Auslegware, etliche Möbel, Lampen, Geschirr und Farbe spendierten die Eltern und ich nähte sogar Vorhänge, damit man die ollen Rohre nicht mehr sah. Zur Einweihungsfete des „Alfclubs" durften die Erwachsenen dann (kurz) vorbeischauen und später fanden dort auch die Besprechungen des Hauses statt. Ein Beispiel für ein Projekt ohne Planvorgaben von oben!

Gut, irgendwann verdrängt man wahrscheinlich sämtliche negativen Erinnerungen an diesen Lebensabschnitt, denn es gab auch Probleme. Die Heizungen konnte man beispielsweise nicht abstellen. In unseren „Tropenhäusern" sah man an warmen Tagen daher fast überall die Fenster offen stehen. Doch falls Minusgrade herrschten, kroch die bitterliche Kälte in die Wohnräume, weil die Fensterrahmen nicht dicht und die Wände nicht sonderlich gedämmt waren.

Weil Wasser nichts kostete, ließen sich viele Mieter täglich ein Wannenbad ein, was oftmals zu Überschwemmungen vom 7. bis zum 1. Stock führte – ähnlich wie die ungewöhnlich oft platzenden Rohre. War es in diesem Fall ein Vorteil, in der 9. Etage zu wohnen, traf das bei Wohnungsbränden nicht zu. Wenngleich 1985 beim Brand im Erdgeschoss recht schnell acht Feuerwehren vor der Tür standen, war das Treppenhaus derart verqualmt, dass es über zwei Stunden dauerte, bis unsere Familie in Sicherheit gebracht wurde.

Unangenehm waren auch Fahrstuhlausfälle, die es in den 80igern häufiger gab. Den Kindern machte es Spaß, die über 200 Stufen nach oben zu spurten, doch mein Mann und ich keuchten natürlich unter der Last der Einkäufe.

Auch ein Telefonanschluss war sehr schwierig zu bekommen. Obwohl unser Vormieter einen hatte, wurden die Gerätschaften einfach wieder abgeholt und wir warteten über drei Jahre mit Dringlichkeitsantrag (und Bestechung in Form von Biertulpen und Schnaps) auf einen neuen. Das war dann ein „Zweieranschluss", sodass wir manchmal bei dem anderen Teilnehmer mithören konnten.

Und heute? Gleich nach der Wende gab es eine Mieterhöhung auf DM-Basis. Kurz danach zogen meine Kinder und später mein Mann aus. Mit meiner geringen Rente waren die entstandenen Fixkosten (mittlerweile zahle ich allein 550 Euro für die Miete) natürlich eine große Last und erst seit ich Witwenrente beziehe, kann ich wieder in Länder und an Orte reisen, die mir früher verwehrt gewesen waren.

Das Planschbecken, die Clubs der Kinder und die Stammkneipe meines Mannes gibt es schon lange nicht mehr. Lenins Kopf wurde im November 1991 symbolträchtig abgehoben und nachdem das Denkmal im Februar 1992 komplett demontiert war, heißt der Standort Platz der Vereinten Nationen.

In die Schwimmhalle ist ein ALDI gezogen und die ehemalige Rosa-Luxemburg-Schule verwittert allmählich. Stellplätze für Autos kosten 50,- € im Monat und vor der Tür angeschlossene

Fahrräder werden ziemlich oft geklaut. Ein paar Nachbarn leben heute von Hartz IV und daran, dass mir einige Mitbewohner seit dem Mauerfall schon tagsüber entgegentorkeln, musste ich mich erst gewöhnen. Im Wohnumfeld hat sich also Einiges verändert und an den Pappeln vor dem Haus sehe ich, wie die Zeit vergangen ist. Sie sind mittlerweile so hoch, dass ich den Fernsehturm im Sommer gar nicht mehr richtig erkennen kann.

Doch das ist mir egal, denn die meisten Leute in unserer Gegend grüßen einander noch immer herzlich, plaudern miteinander und helfen sich gegenseitig. Einige langjährige Mieter sind inzwischen zwar verstorben, doch es freut mich, dass in den letzten Jahren endlich auch wieder junge Familien mit Kindern eingezogen sind und dass ich höflichen Spaniern und Vietnamesen im stets funktionierenden Fahrstuhl begegne, die alle sehr hilfsbereit sind.

Ich wohne nach wie vor im Zentrum. Die Straßenbahnen der M5, M6 und M8 und der 142er Bus halten direkt vor der Tür und die Einkaufsmöglichkeiten sind viel besser geworden. Etliche Cafés, Restaurants und Hotels sind neu entstanden und unzählige Telefonanbieter buhlen regelrecht um die Gunst von uns Kunden.

Nach der „Reko" besitzt meine Wohnung schalldichte Fenster, Wärmedämmung, ein neu gefliestes Bad und Heizungen, die man auch herunterdrehen kann. Wenngleich die Küche und einige Einbauschränke noch fast im Originalzustand sind, habe ich viele schicke und bequeme neue Möbel auf die drei Zimmer verteilt. Das Haus, in dem ich wohne, ist demnach meine Heimat geblieben. Hier leben viele meiner Bekannten und ich verspüre noch immer die Geborgenheit, welche ich schon 1974 vorfand. Heute ist die Wohnung vielleicht sogar ein Sechser im Lotto!

In den letzten Jahren hatte ich ein paar Mal französische Austauschschüler zu Gast, die im ehemaligen Kinderzimmer übernachteten. Alle dieser meist jungen Mädchen haben in einem niedlichen Deutsch beim Abschied gesagt, dass sie sich in der Mollstraße, in unserem Haus und in meiner Wohnung pudelwohl gefühlt haben!

Nachtrag: Im Juni 2018 ist meine herzensgute 80-jährige Mutter in das Haus meines Bruders Benny in den Speckgürtel von Berlin gezogen.

Alles auf Anfang

„Sag mal Junge, hast du schon wieder deine Mütze im Auto vergessen?" Ich war gerührt. Der „Junge" war mein 63-jähriger Vater, der zusammen mit dem besorgten Herrn, meinem 85 Jahre alten Opa Hans, gerade den Saal verlassen hatte. Vater drehte sich noch einmal um und rief mir etwas zu. „Ja, nächste Woche bei dir", gab ich zurück. Soeben war meine Lesung im DDR-Museum in Berlin Mitte zu Ende gegangen. Es schien ihnen gefallen zu haben. Auch Mutter hatte sehr oft gelacht, obwohl ich mir gerade Texte ausgesucht hatte, in denen ich nicht zimperlich mit meinen Eltern umgegangen war. Ich schaute in die Reihen der Zuhörer und wusste plötzlich wieder, für wen ich den „Mauergewinner" geschrieben hatte – einzig und allein für meine Familie! Vater, der sich eine fiebrige Erkältung eingefangen hatte, deutete an, dass er sich gerne einmal in Ruhe mit mir über die Geschichten unterhalten würde. Er nickte verständnisvoll, als ich ihm klarmachte, dass ich dafür heute leider keine Muße haben würde. Doch nächste Woche bei ihm zu Hause hätte ich alle Zeit der Welt!

Wir trafen uns dort nie mehr im Leben. Als ich vier Tage später ins Unfallkrankenhaus Marzahn kam, war mein Vater auf der Intensivstation nach multiplem Organversagen gerade wiederbelebt worden. Dort traf ich auch meinen kreidebleichen Opa. Der zuständige Arzt faselte etwas von 20 % Überlebenschancen, doch in seinen Augen sah ich, dass es null waren. Mir liefen längst warme Tränen über die Wangen und zum allerersten Mal in meinem Leben nahm ich meinen Großvater in die Arme. Doch erst als wir vor der Tür gemeinsam eine Zigarette rauchten, er eine filterlose Caro und ich eine leichte Cabinet, wurde mir bewusst, dass ich in wenigen Augenblicken meinen Vater verlieren werde und er seinen Sohn – seinen Jungen.

Mein alter Herr war stets ein äußerst humorvoller Mensch gewesen und hätte spätestens jetzt gesagt: „Nun drück mal nicht so auf die Tränendrüse."
Das möchte ich auch nicht, doch damals hatte ich mich einfach noch nicht mit dem Tod eines geliebten Menschen auseinandergesetzt. Ich kannte dieses Gefühl nicht. Plötzlich lief ich wie ferngesteuert los, rannte die Treppen hinauf und stürmte in

sein Zimmer. Dort setzte ich mich an sein Bett und nahm seine große, warme Hand in meine. Ich spürte, dass er mich noch hören konnte, denn gerade jetzt wollte ich ihm erzählen, was er mir – in meinem 38-jährigen Leben – alles beigebracht hatte. Ich brauchte Erinnerungen, um im Angesicht des Todes nicht völlig durchzudrehen.

Vater, du warst – seit ich dich kenne – Mitglied dieser fragwürdigen Partei namens SED. Später nannte man sie um, doch du engagiertest dich stets weiter. Irgendwann wurden mir die Bedeutung der Gysi-Worte bewusst, der nach der Wende sinngemäß meinte: „Wir waren einmal 2,3 Millionen Mitglieder und jetzt sind wir unter 100.000. Alle anderen sind aus den gleichen Gründen ausgetreten, aus denen sie mal eingetreten waren. Es schien ihnen nützlich!" Vor 3 Jahren wurdest du gewählter Volksvertreter der Bezirksverordnetenversammlung von Marzahn-Hellersdorf für die „Linken" im geeinten Deutschland. Du hast deine Überzeugungen nie verraten und damit Charakterstärke bewiesen. Das hatte ich mit 35 endlich begriffen.

Mit 30 lernte ich, was Willensstärke ist, oder anders: Ich hätte dir diese nie zugetraut. Im Prinzip warst du zu dem Zeitpunkt schon scheintot, warst dem Teufel Alkohol als zügelloser Säufer so sehr verfallen, dass man dich hatte einliefern lassen. Doch nach dem Entzug hast du nie wieder einen Tropfen angerührt und bist sogar ehrenamtlich als Suchtberater in die „Geschlossene" gefahren, um Menschen in Gesprächen zu motivieren, dass das Leben, wie deines, danach wieder lebenswert wird.

Als ich 26 wurde, begriff ich einen Rat, den du mir Jahre zuvor auf den Weg gegeben hattest: „Erst wenn du mit einer Frau auf Reisen gehst, wirst du sehen, ob sie die Richtige ist. Halte sie fest." Meine erste große Liebe war verflossen, doch mit Sylvie war genau die Premierenfahrt nach Spanien und Portugal so perfekt gewesen, dass ich mich bis heute an ihr festkralle. Vielleicht sogar bis zum Ende meiner Tage.

Deine uneigennützige Großzügigkeit kam mir mit 20 zugute, als ich nach der Mexiko-Reise meine gruselige Altbauwohnung komplett renoviert vorfand. „Das wäre doch nicht nötig gewesen", waren seit jeher geflügelte Worte in unserer Familie und damals empfand ich es auch so, da es euch nach der Wende finanziell nicht gerade blendend ging und ein Gefühl des Scheiterns an dir nagte. Aber du wolltest mir das zugesagte Abiturgeschenk machen, so wie du damals den Ungarn-Urlaub geschmissen oder den SKR-700-Rekorder für 1.540 Mark spendiert hast.

Noch zwei Jahre vorher – ich war 18 und du 43 – lagen so große Welten zwischen uns wie nie zuvor und danach. Ich gehörte irgendwie zum erweiterten Kreis der Aufsässigen in der DDR; ging mit Kumpels auf spontane Demos vor Kirchen und vor dem Palast der Republik, währenddessen du – obwohl nur Sportfunktionär – in Alarmbereitschaft gesetzt worden warst. Mit der Ankündigung zur Ausgabe von scharfen Waffen! Wenn es hart auf hart gekommen wäre, hättest du auf deinen eigenen Sohn schießen müssen. Hast du aber nicht. Und aufs eigene Volk zu ballern traue ich dir bis heute nicht zu. Außerdem erklärtest du mir am Tag nach der großen Massenkundgebung auf dem Alex, dass ich auf der Seite der Richtigen stehe. Durch die klugen und offenen Reden auf der Demo am 4. November 1989 war auch dir das bewusst geworden. Was für eine Einsicht und Aufrichtigkeit!

Eigentlich haben wir uns sonst immer recht gut verstanden, sogar in meiner Pubertät. Deine Entschlossenheit lernte ich mit 17 kennen, als du mich beim UEFA-Cup-Spiel in Dresden gegen Stuttgart uneigennützig über die Mauer nach oben hobst, damit ich nicht von den Menschenmassen zerquetscht werde.

Als ich 16 wurde, übertrafst du dich mal wieder in Selbstironie, als du erfuhrst, dass der Vater meines besten Freundes auf der EOS der Schauspieler ist, über den du dich jahrelang lustig gemacht hast, besonders wenn er beim Telelotto (an der Seite von Herrn Rohr) zu Gast war. Auf Elternabenden und beim Bier danach habt ihr euch dann blendend verstanden und du korrigiertest deine Meinung.

Mit 15 war es deine Harmoniebedürftigkeit, welche den Familienfrieden rettete. Ich war zur 7.-Oktober-Demo nicht angetreten, wo du dann meinen Klassenlehrer Blase trafst. Offiziell hast du mein Verhalten, welches ja fast den Weltfrieden gefährdet hätte, aufs Schärfste verurteilt, mir zu Hause jedoch beigestanden, da auch dich diese öde Militärparade ankotzte. Wir wurden von dir weder geschlagen noch mussten wir einen einzigen Tag im grausamen Stubenarrest verbringen.

Allerdings konntest du auch großmäulig sein. Besonders ist mir der legendäre Besuch der sächsischen Verwandten mit 14 in Erinnerung geblieben. Ich lernte vom Besten, wie man Provinz-Idioten richtig fertig machen kann und das, obwohl du ja selbst gebürtiger Sachsen-Anhalter bist. „Wie kommt man am schnellsten nach Dresden? Da steckst du einfach den Finger in den Arsch und Dresden."

Du kannst sehr witzig sein. Allerdings habe ich diesen Charakterzug mit 13 ziemlich gehasst, da du überall und immer einen Brüller nach dem anderen gerissen hast. Damit warst du zwar Mittelpunkt jeder Party, doch manchmal fehlte mir eine gewisse Ernsthaftigkeit, die bis heute nicht so dein Ding ist. Fast erwarte ich jetzt, dass du aufwachst und mir mit einem Auge zuzwinkerst.

Viel besser gefiel mir da schon die Schlitzohrigkeit, z. B. wenn sich aus dem von mir mit 12 verursachten Trabi-Unfall an Nachbars Gartenzaun eine gigantische Fete entwickelte, womit du von der eigentlichen Entschädigung ablenken konntest. Auch schafftest du es immer durch „Sich-mit-Absicht-blöd-Anstellen", dass dir sämtliche Nachbarn und Kollegen unangenehme Tätigkeiten abnahmen, da sie das Elend nicht länger mit ansehen konnten.

Dein Großmut ist mir in besonderer Erinnerung geblieben, als du von meinem Tadel erfuhrst, nachdem ich zur Russischlehrerin gesagt hatte: „Russki, Russki, du musst wissen, deine Sprache ist beschissen". Ich, der 11-jährige Bengel, hätte doch recht!

Mit 10 staunte ich, dass die Eigenschaft Geduld bei dir existiert. Nachdem ich es bereits nach vier Minuten geschafft hatte, beim Vater-Sohn-Ausflug die Sehnen unser beider Angeln zu verheddern, warst du die Ruhe selbst. Okay, nach 30 Minuten Fummeln gabst auch du auf und fuhrst mit mir in den Fischladen an der Pünktchen-Kaufhalle, um unsere „Fänge" zu kaufen.

Eine gewisse Oberflächlichkeit habe ich mir auch von dir übernommen. Großartig war deine Einschätzung nach Bennys Armbruch beim Vom-Hocker-Springen (ich war 9), den du, wie seinen zweiten – einige Jahre später beim Gleiterfahren – lediglich als leichte Stauchung diagnostiziertest.

Den Hang zur Faulheit, lieber nach Hause zu fahren, um während der Sportschau Bier zu trinken, als im Garten zu schuften, den wir bekamen, als ich 8 war, findet man bei mir jedoch nicht. Ich habe keinen Garten.

Mit 7 spieltest du gemeinsam mit uns, mit der nicht immer ganz vorschriftsmäßig fahrenden Eisenbahn auf der Platte, als seist du selbst noch ein Kind.

Auch Gleichgültigkeit gehört zu deinen Eigenschaften, da du mich mit 6 nicht dazu gezwungen hast, wie so viele überehrgeizige Eltern, in die angesehene Sportelite unseres Landes aufzusteigen. Aber wahrscheinlich ahntest du bereits, dass aus mir niemals ein Eiskunstlauf- oder Schwimmstar werden würde.

Da du sehr unternehmungsfreudig warst, kannte ich bereits mit 5 alle Tiere im Tierpark und die halbe Republik aus tollen Familienurlauben.

Deine kulinarische Genussfreudigkeit erzeugt bei mir das Phänomen, dass ich noch immer Sachen gerne esse, die ich schon mit 4 zusammen mit dir verspeist habe.

Durch deine Fürsorglichkeit wusste ich bereits mit 3 Jahren, wie spritziges Berliner Pilsner schmeckt, da ich bei einem Jugend-Radrennen in der Werner-Seelenbinder-Halle mal durstig und sehr ungeduldig war.

Wegen deiner Toleranz und meiner Kuschelbedürftigkeit mit 2 (ich wollte ständig zu euch ins Bett) war ich sogar dabei, als mein Brüderchen Benny gezeugt wurde.

Lediglich das Gefühl der Glückseligkeit und den Stolz auf das erste Kind, das von allen mit 1 für ein süßes Mädchen gehalten wurde, werde ich wahrscheinlich nie nachempfinden können.

Demnach auch nicht diesen einzigartigen Moment, als ich 1971 zur Welt kam. Meine Mutter staunte über eine von dir bisher nicht in Erscheinung getretene Eigenschaft: Pünktlichkeit. Sie hatte damit gerechnet, dass du auf die anstehende Geburt irgendwo einen ausgibst und diese dann selbst verpasst.

Somit hast du mich mit 0 bereits kurz nach 12 Uhr begrüßt und bald zum allerersten Mal im Leben meine winzige Hand in deine genommen.

Deshalb möchte auch ich jetzt deine große, warme Hand zum allerletzten Mal festhalten, bevor du stirbst. Was bleibt, ist der Tod. Alles auf Anfang.

Mark Scheppert

**Mauergewinner oder
ein Wessi des Ostens**

30 vergnügliche Geschichten
aus dem Alltag der DDR

228 Seiten
Edition BoD
ISBN 978-3-8391-9250-4

www.markscheppert.de

Als Mark Scheppert diese Geschichten zu schreiben begann, hatte er sich vorgenommen, stellvertretend für seine Generation etwas Neues und Einzigartiges über die DDR zu schreiben. Denn seltsam: In keinem der angeblich so „typischen" literarischen Denkmälern für dieses verschwundene Land fand er sich wieder. Er gehörte auch nicht zu der Generation von „Zonenkindern" und wohnte in keiner „Sonnenallee" und in keinem „Turm". Seine Jugend, seine Auseinandersetzung mit diesem seltsamen Ort namens DDR, seine Erfahrungen und seine Kämpfe, kamen nirgendwo vor. Und erst recht nicht das Gefühl, das er mit dieser Zeit verband. Komisch. War er so ein Sonderfall?

»Faulig-feuchte Klamotten, eiskalte Füße und unzählige Sorten Alkohol: Mark Schepperts Erinnerungen an seine DDR-Kindheit in der Kleingarten-Parzelle sind düster. Komisch nur, dass die Fotos im Familienalbum eine ganz andere Geschichte erzählen.«
Spiegel Online

»Es ist wirklich eine Bereicherung, den „Mauergewinner" zu verschlingen und es macht großen Spaß, auch mal einen vergnügten Blick auf diese DDR zu werfen.«
kadekMedien

FSC
www.fsc.org

MIX

Papier aus ver-
antwortungsvollen
Quellen

Paper from
responsible sources

FSC® C105338